建築パース・内装

《附:CGパースの実例》

Interiors: Perspectives in Architectural Design

Included:an actual CGperspective

パース画の決め手は「色彩」

パースについて、施主側つまりユーザー側の見地からの、基本的な改革提案は本書の姉妹書「外装編」に書きました。以下はその具体的提案です。

パースが示そうとする構築物の特性を示すための決め手は、形状もさることながら、色彩です。実景としては描線があるわけではありません。普通の人間の目に見えるのは色とその形であって描線ではないからです。

しかもそれは質感が決め手です。この質感の表現はアメリカの有力紙の広告に学ぶ必要があるでしょう。なぜなら黒一色で絹や木綿や化繊の糸質のちがいがそこでは鮮明に打ち出しているからです。残念なことに、日本のパースは大部分、実際とは全く異なる色彩で、見てくれをごまかしているようです。使用予定の材質についての勉強が不足しているのではないでしょうか。

特に、床面の表現に手を抜くことが多いように思われるのは、私の偏見でしょうか。

ということは、内装の場合は照明がイメージを変えてしまいます。外装も印象派の画のように、陽光の加減でガラりとムードが変るものですが、室内は照明効果で全くフンイキが変ってしまうものです。それを意識しない室内風景は全く絵空（えそら）ごとなのです。

次に、臨場感を持つには、訪れる客の目の高さから見た状況でなければ意味がありません。天井高との関係で当然に描写内容は変化するはずです。妙に上の方から見たパースが現実には少なくありません。

もちろん登場人物はありえない９等身だったり、入店客の服装が紳士淑女でありすぎたりするのは、店側のマーケティング政策を無視した結果以外の何物でもありません。

このことは屋内の生植物を描く時にさらにひどくなります。完全な空想の産物ですね。

パースはカザリ画ではありません。現実に投資の是非を経営上意志決定するための最も重要な材料です。

しかもそれは長期間にわたって使用され続ける商業施設なのです。そのための起案書類と考えてほしいものです。

日本リテイリングセンター　チーフコンサルタント　渥美俊一

Coloring makes the Perspective

This book and its sister edition were compiled with the intent to present new principles in the field of perspective rendering from the standpoint of all those who will work with and utilize the perspective. The following details this plan.

Two essential factors in any perspective are structure and coloring. But in reality there are no such things as 'lines'. What the human eye sees when it percieves shape is coloring, which itself creates the lines which appear as shape.

Texture is likewise a crucial element in any perspective. Textual expression is particularly strong in American newspaper advertizing, and the study of this material is highly advisable. Here one finds in black and white printing very fine distinctions between silks, fibers, and polyesters. Unfortunately, in many Japanese perspectives the work gives a very different impression from the actual quality of the surfaces, to the point of misrepresenting an interior.

It is likely that insufficient research into construction materials is at the root of this problem. But examples of floor designs being hastily finished, or even overlooked, are also numerous.

In interior work lighting is of paramount importance, having great effect on the overall image. Sunlight is as important to exterior work as it is to impressionist painting, its level effecting complete changes in mood. In the same way interior atmosphere is drastically altered by changes in the illumination. Perspectives which do not take into consideration this important point are virtually useless.

Furthermore, for establishing a sense of occupancy, one must work from the eye level of those inhabiting the room, lest once again the perspective lose its reliability. The height of the ceiling naturally has an effect on everything within the room. Even a position only slightly too high will reduce the overall realism.

Of course drawing occupants of abnormal height or dressing them too formally, contrary to the desires and aims of the buyers, is another mistake which can only result in wasted effort. Plants are even less desirable when they are included haphazardly; utterly useless productions.

Perspectives are not decorative drawings. They are the all-important source for the decision-making which goes into a successful business investment.

They Should result in a commercial facility which can be utilized over an extended period of time. Drafts should be executed with this purpose in mind.

Shunichi Atsumi, Chief Consultant, JAPAN RETAILING CENTER

目　次

CONTENTS

凡　例

a.→建築物名称
b.→所在地
c.→設計事務所
d.→パース作画者
e.→作品応募者

EXPLANATORY NOTES

a.→ Project Title
b.→ Location
c.→ Planning Office
d.→ Rendering Illustrator
e.→ Applicant

INTERIORS : PERSPECTIVES IN ARCHITECTURAL DESIGN
《Included : an actual CG perspective》

First Edition May 1987
ISBN 4-7661-0424-2

Graphic-sha Publishing Company Ltd.
1-9-12 Kudan-kita Chiyoda-ku Tokyo 102, Japan
Phone 03-263-4310
Fax. 03-263-5297
Telex J29877 Graphic

Printed in Japan

1.物販

ショッピングセンター

ショールーム

ブティック

化粧品店

レンタルビデオショップ

スポーツショップ

展示場

地下商店街

呉服店

etc.

1.SALES

Shopping Centers

Showrooms

Boutiques

Cosmetics Stores

Video Rental Shops

Sports Outlets

Exhibition Halls

Underground Shopping Arcades

Sundry Shops

etc.

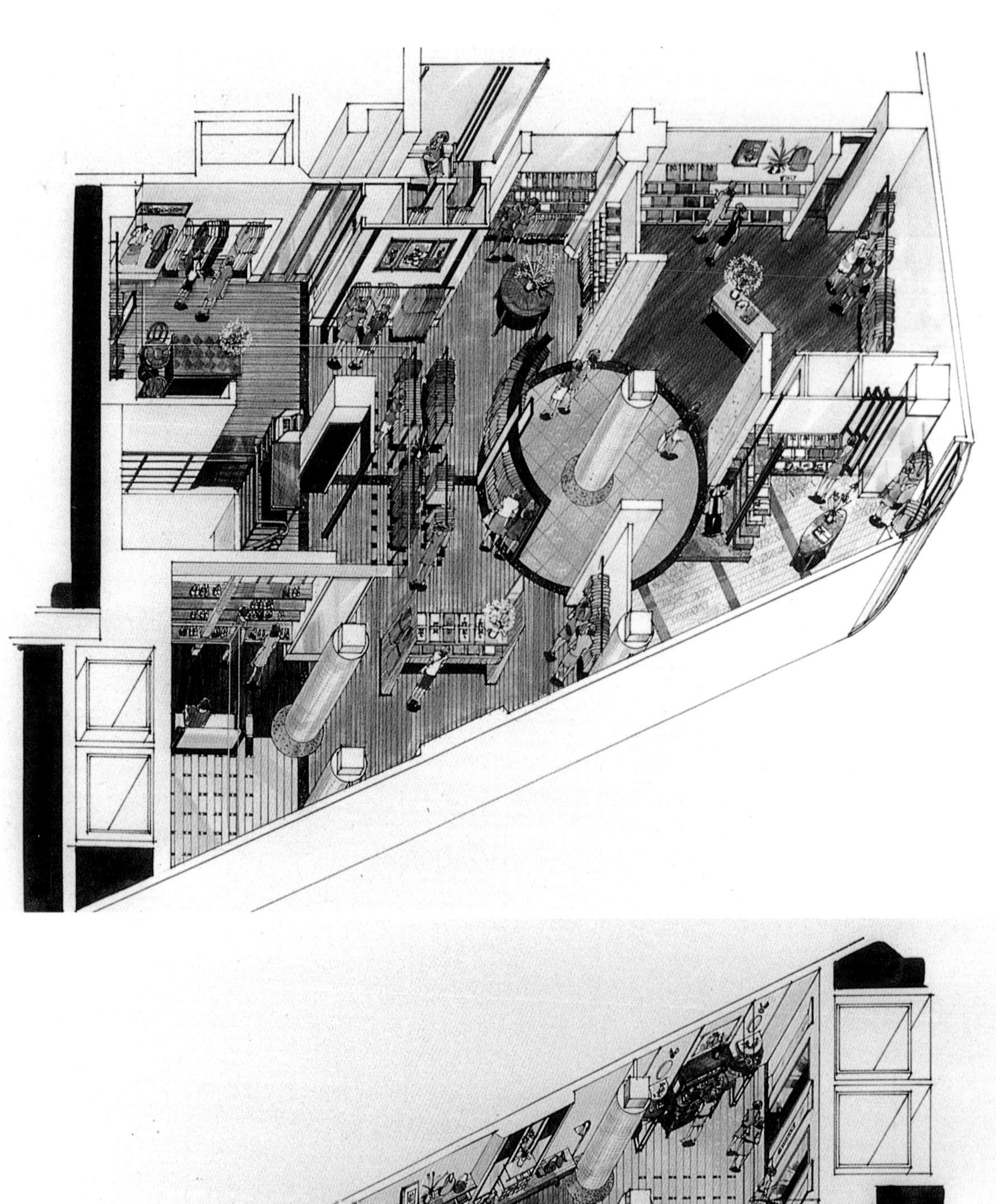

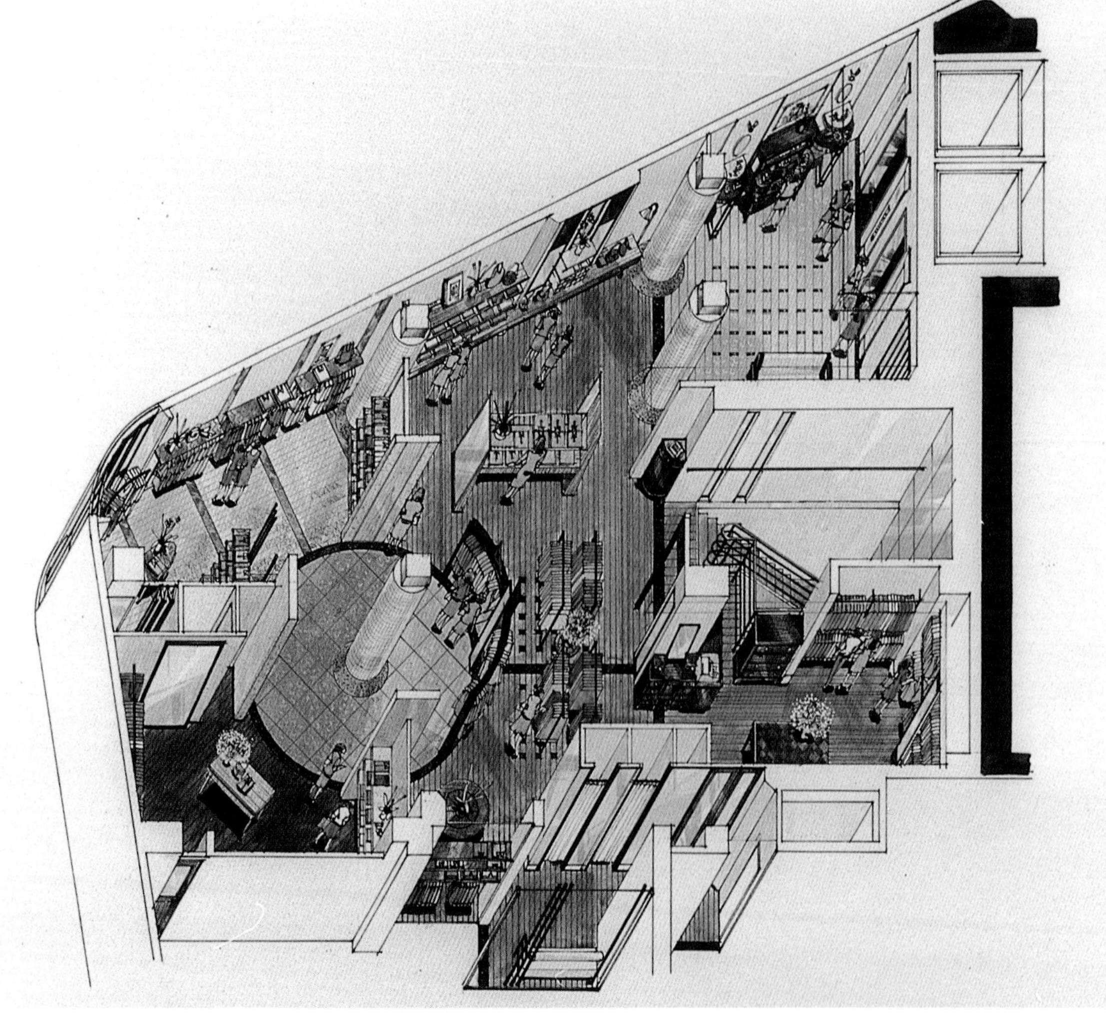

a. 新宿M計画　b. 東京都新宿区
c. 丹青社　d. 原田剛　e. 丹青社

a. SHINJUKU M PLAN　b. Shinjuku-ku, Tokyo
c. Tanseisha Co., Ltd.　d. Tsuyoshi Harada　e. Tanseisha Co., Ltd.

a. ショッピングセンター・コロク富岡　b. 群馬県富岡市
c. 乃村工藝社　d. コスピオ　打越長武　e. 乃村工藝社クリエイティブセンター

a. SHOPPING CENTER COROC TOMIOKA　b. Tomioka-shi, Gumma　c. Nomura Display Co., Ltd.
d. Kospeo Osamu Uchikoshi　e. Nomura Display Co., Ltd. Creative Center

a. オギツ　ショールーム　b. 東京都墨田区
c. 乃村工藝社　d. コスピオ　打越長武　e. 乃村工藝社クリエイティブセンター

a. OGITSU SHOWROOM　b. Sumida-ku, Tokyo　c. Nomura Display Co., Ltd.
d. Kospeo Osamu Uchikoshi　e. Nomura Display Co., Ltd. Creative Center

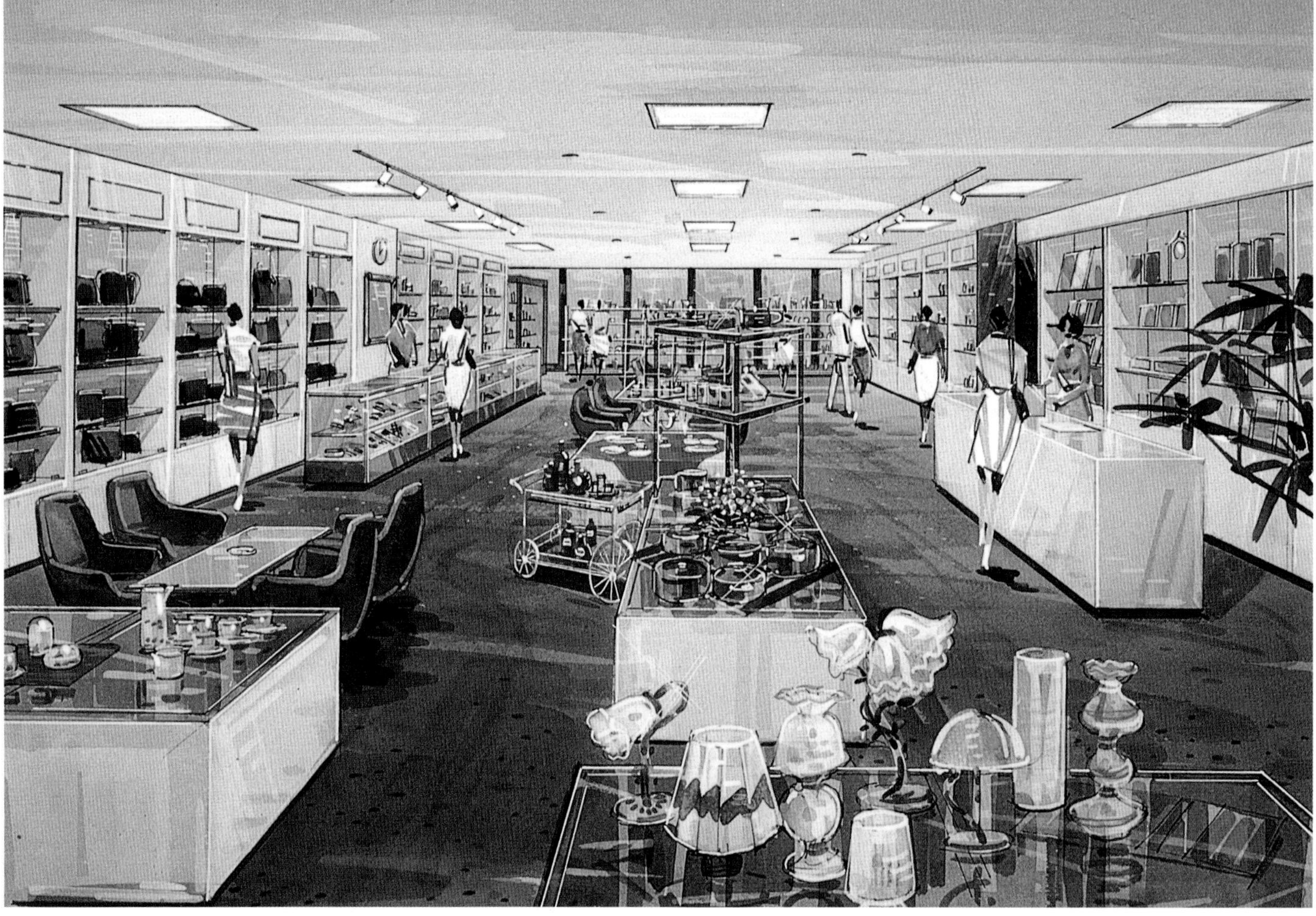

a. 京都・寺内時計店　b. 京都府京都市
c. タジマ創研　d. 秦昇八　e. 秦昇八

a. TERAUCHI　b. Kyoto-shi, Kyoto
c. Tajima Soken Co., Ltd.　d. Shohachi Hata　e. Shohachi Hata

a. コックス　c. 丹青社
d. 深沢千賀子　e. 丹青社

a. COX　c. Tanseisha Co., Ltd.
d. Chikako Fukazawa　e. Tanseisha Co., Ltd.

a. ポップ インターナショナル　b. 福岡県福岡市
c. 乃村工藝社　d. コスピオ　打越長武　e. 乃村工藝社クリエイティブセンター

a. POP INTERNATIONAL SHOWROOM　b. Fukuoka-shi, Fukuoka　c. Nomura Display Co., Ltd.
d. Kospeo Osamu Uchikoshi　e. Nomura Display Co., Ltd. Creative Center

a. ファッションショップヒロ　b. 大阪府
c. ラウンドハウス　d. 井内一夫　e. 井内一夫

a. FASHION SHOP HIRO　b. Osaka
c. Round House Inc.　d. Kazuo Inouchi　e. Kazuo Inouchi

a. 池袋三越　b. 東京都豊島区
c. エムアンドイー・ヒグチ　d. 柳川敏行　e. 柳川敏行

a. IKEBUKURO MITSUKOSHI　b. Toshima-ku, Tokyo
c. M&E Higuchi Co., Ltd.　d. Toshiyuki Yanagawa　e. Toshiyuki Yanagawa

a. 心斎橋パルコ　b. 大阪府大阪市
c. 乃村工藝社　d. 徳永元義　e. 乃村工藝社大阪社

a. SHINSAIBASHI PARCO　b. Osaka-shi, Osaka
c. Nomura Display Co., Ltd.　d. Motoyoshi Tokunaga　e. Nomura Display Co., Ltd. Osaka Office

a. 吉本ビルディング　b. 大阪府大阪市
c. 竹中工務店　d. 竹中工務店　横田美香　e. 竹中工務店

a. YOSHIMOTO BUILDING　b. Osaka-shi, Osaka　c. Takenaka Komuten Co., Ltd.
d. Takenaka Komuten Co., Ltd. Mika Yokota　e. Takenaka Komuten Co., Ltd.

a. ブティックいしだ
b. 兵庫県西宮市
c. よしのデザイン事務所
d. 芳野明
e. 芳野明

a. BOUTIQUE ISHIDA
b. Nishinomiya-shi, Hyogo
c. Yoshino Design Office
d. Akira Yoshino
e. Akira Yoshino

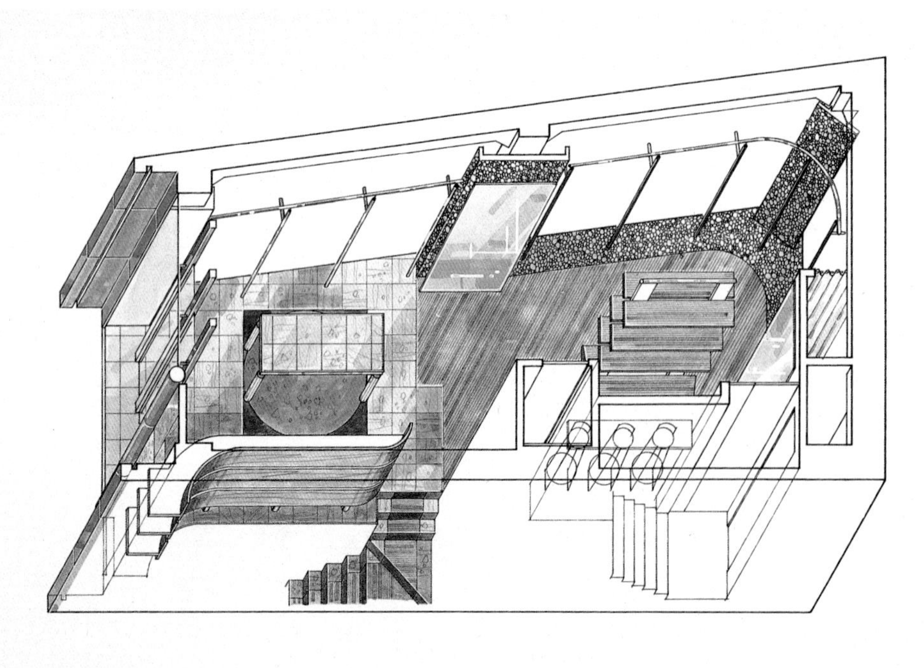

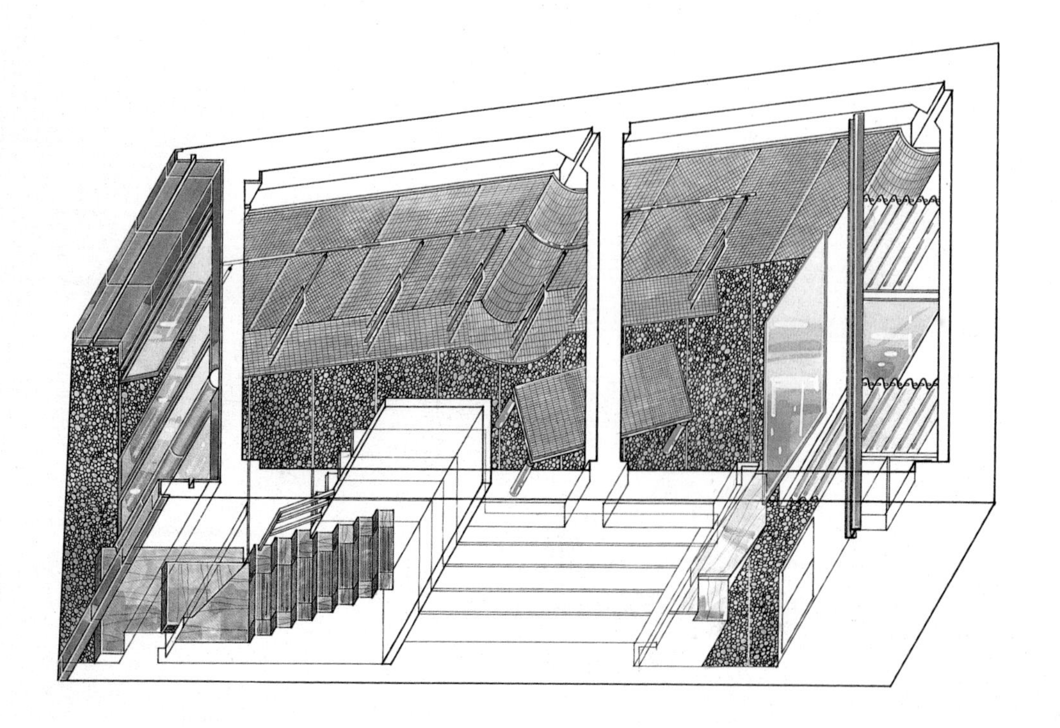

a. ブティック SUIVI
b. 愛媛県松山市
c. 関谷正男
d. 川嶋俊介＋花岡徳久
e. 川嶋俊介

a. BOUTIQUE SUIVI
b. Matsuyama-shi, Ehime
c. Masao Sekiya
d. Shunsuke Kawashima＋
Norihisa Hanaoka
e. Shunsuke Kawashima

a. ORIGINAL LEE FASHION STORE b. SEOUL 中区明洞(韓國)
c. DESIGN MESSAGE d. 郭蕣雅 e. MODERN 透視図

a. ORIGINAL LEE FASHION STORE b. Soeul Jung Gu Myoung Dong, Korea
c. Design Message d. Gyoung A. Kwag e. Modern Toshizu

a. プチアキ熊谷店 b. 埼玉県熊谷市
c. 丹青社 d. 深沢千賀子 e. 丹青社

a. PETITAKI KUMAGAYA SHOP b. Kumagaya-shi, Saitama
c. Tanseisha Co., Ltd. d. Chikako Fukazawa e. Tanseisha Co., Ltd.

a. ウェイ計画
c. 丹青社
d. 丸井邦彦
e. 丹青社

a. WAY PLAN
c. Tanseisha Co., Ltd.
d. Kunihiko Marui
e. Tanseisha Co., Ltd.

a. チャコット
b. 大阪府南区
c. シックインテリアプランニング
d. 酒作和宏
e. 酒作和宏

a. CHACOTT
b. Minami-ku, Osaka
c. Sic Interior Planning Co., Ltd.
d. Kazuhiro Sakesaku
e. Kazuhiro Sakesaku

a. Sショップ計画　c. 丹青社
d. 丸井邦彦　e. 丹青社

a. S SHOP PLAN　c. Tanseisha Co., Ltd.
d. Kunihiko Marui　e. Tanseisha Co., Ltd.

a. ヘアーサロン ジュピター b. 愛知県岡崎市
c. シンコー d. 藤城勝範 e. 藤城勝範

a. HAIR SALON JUPITER b. Okazaki-shi, Aichi
c. Shinko Co., Ltd. d. Masanori Fujishiro e. Masanori Fujishiro

a. ビューティーサロン ユリ b. 愛知県刈谷市
c. シンコー d. 藤城勝範 e. 藤城勝範

a. BEAUTY SALON YURI b. Kariya-shi, Aichi
c. Shinko Co., Ltd. d. Masanori Fujishiro e. Masanori Fujishiro

a. 美容室　b. 兵庫県姫路市
c. オオタ工芸　d. 四海隼一　e. 四海隼一

a. BEAUTY SALON　b. Himeji-shi, Hyogo
c. Ota Kogei Ltd.　d. Shunichi Shikai　e. Shunichi Shikai

a. みずほ化粧品　b. 千葉県八千代市
c. 矢内店舗設計事務所　d. 古橋孝之　e. 矢内店舗設計事務所

a. MIZUHO COSMETICS　b. Yachiyo-shi, Chiba
c. Yanai Design Office　d. Takayuki Furuhashi　e. Yanai Design Office

a. かみや呉服店　b. 愛知県安城市
c. 矢内店舗設計事務所　d. 古橋孝之　e. 矢内店舗設計事務所

a. KAMIYA GOFUKU SHOP　b. Anjo-shi, Aichi
c. Yanai Design Office　d. Takayuki Furuhashi　e. Yanai Design Office

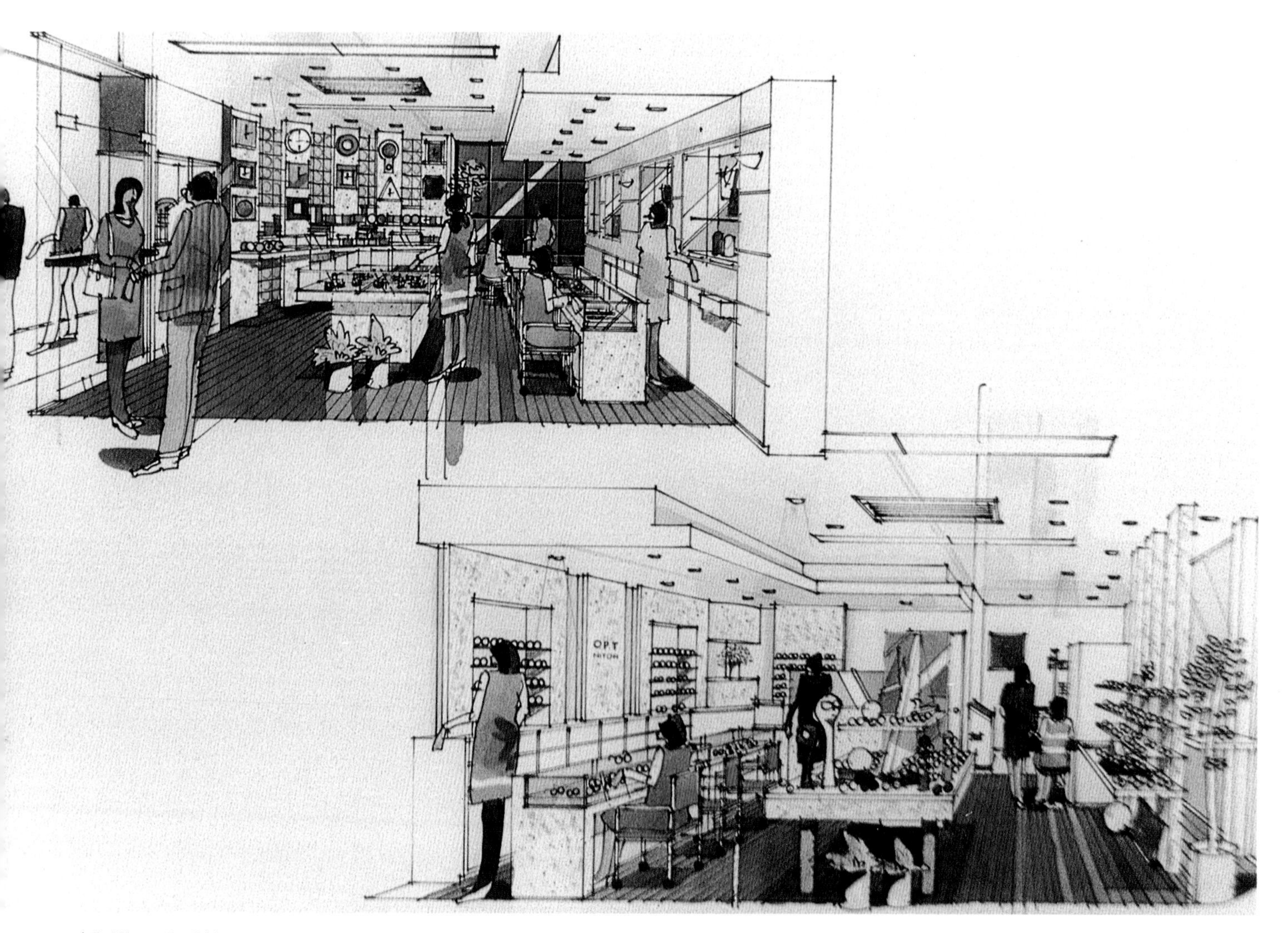

a. 内藤時計　b. 愛知県新城市
c. 矢内店舗設計事務所　d. 古橋孝之　e. 矢内店舗設計事務所

a. NAITO WATCH SHOP　b. Shinshiro-shi, Aichi
c. Yanai Design Office　d. Takayuki Furuhashi　e. Yanai Design Office

a. ダーバン紳士服コーナー　b. 大阪府大阪市
c. ゼニヤ　d. 仲田貴代史　e. 仲田貴代史

a. DURBAN MEN'S SUITS　b. Osaka-shi, Osaka
c. Zeniya Co., Ltd.　d. Kiyoshi Nakata　e. Kiyoshi Nakata

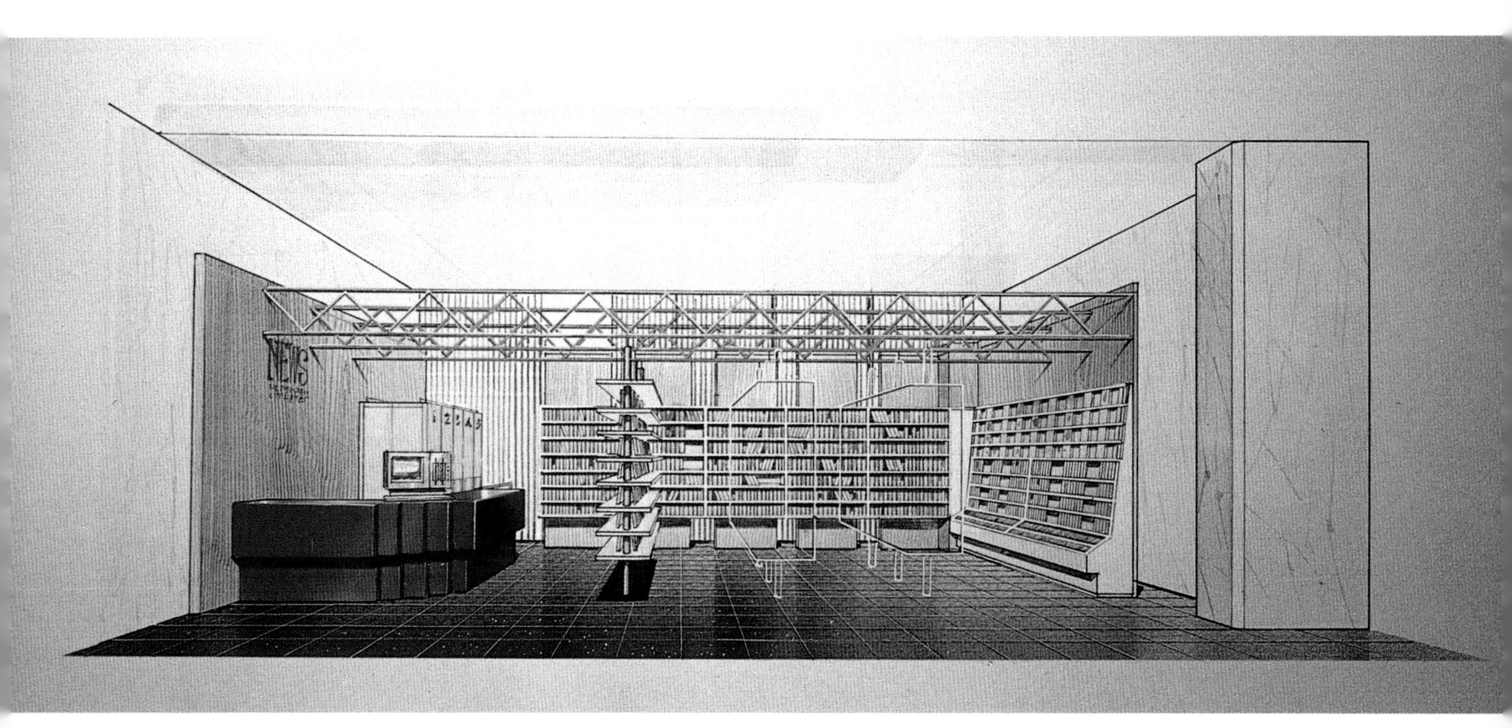

a. レンタルビデオショップ　b. 大阪府大阪市
c. 都市計画　d. 中村直己　e. 中村直己

a. RENTAL VIDEO SHOP　b. Osaka-shi, Osaka
c. Toshi Keikaku Co., Ltd.　d. Naomi Nakamura　e. Naomi Nakamura

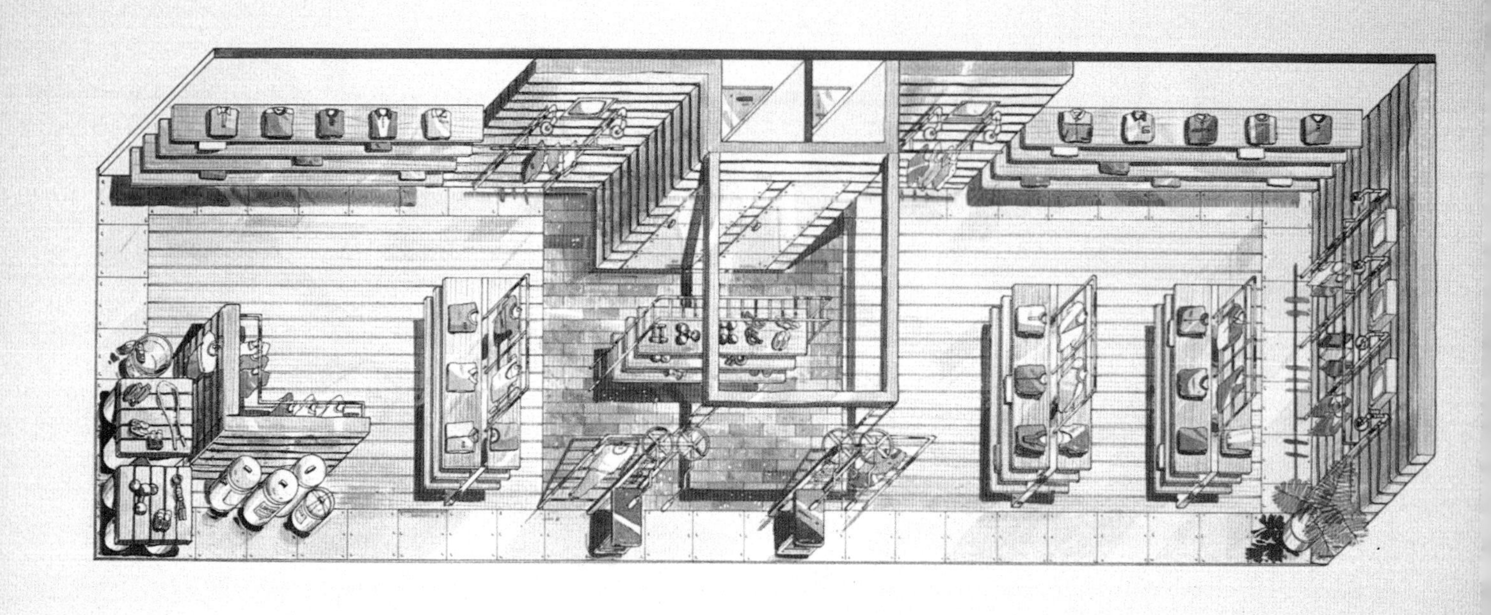

a. ミズノスポーツショップ　b. 大阪府吹田市
c. 都市計画　d. 吉見由里　e. 吉見由里

a. MIZUNO SPORTS SHOP　b. Suita-shi, Osaka
c. Toshi Keikaku Co., Ltd.　d. Yuri Yoshimi　e. Yuri Yoshimi

a. ヤマハピアノショップ　b. 大阪府大阪市
c. ゼニヤ　d. 松田邦裕　e. コラムデザインセンター

a. YAMAHA PIANO SHOP　b. Osaka-shi, Osaka
c. Zeniya Co., Ltd.　d. Kunihiro Matsuda　e. Koramu Design Center

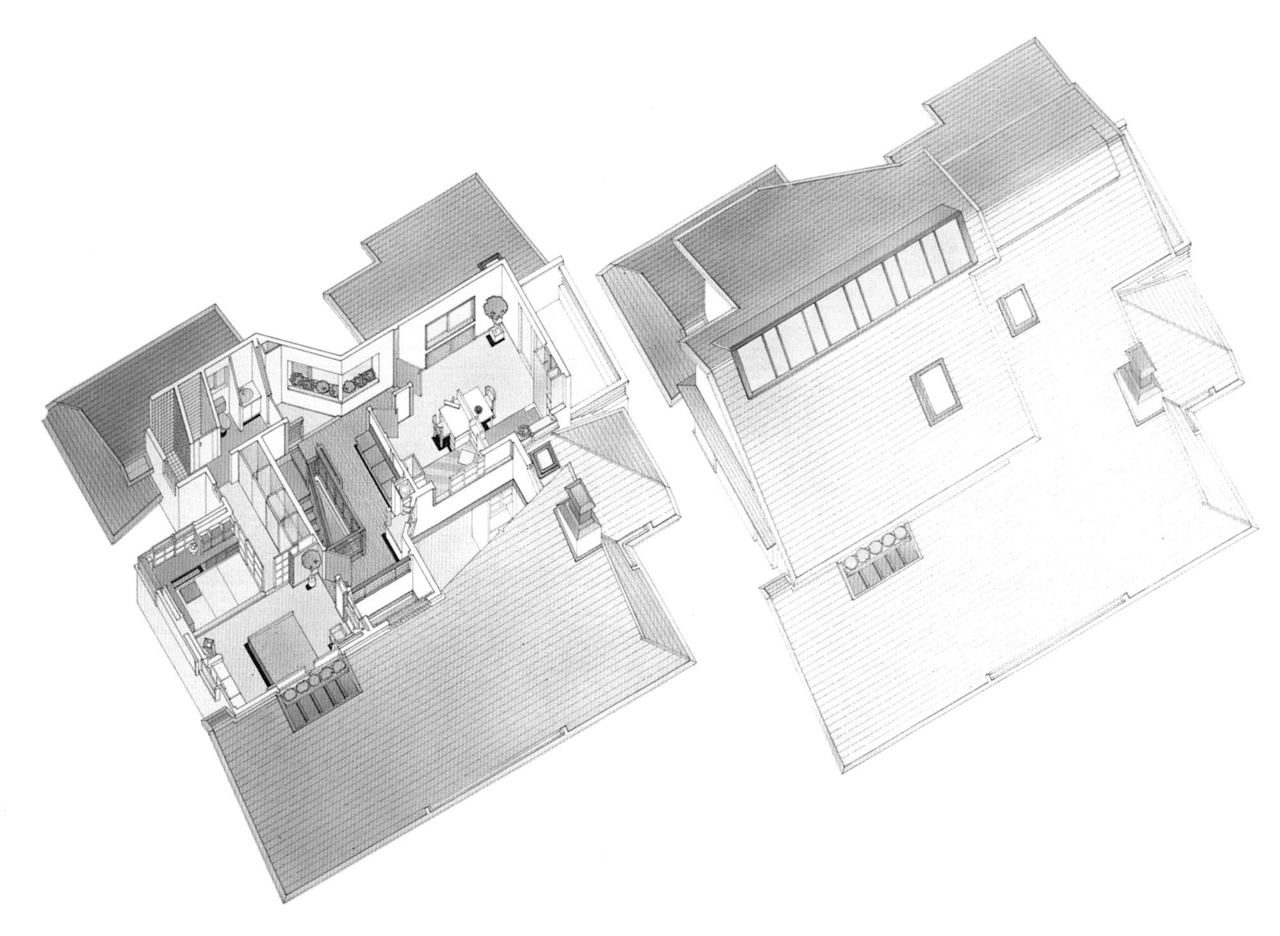

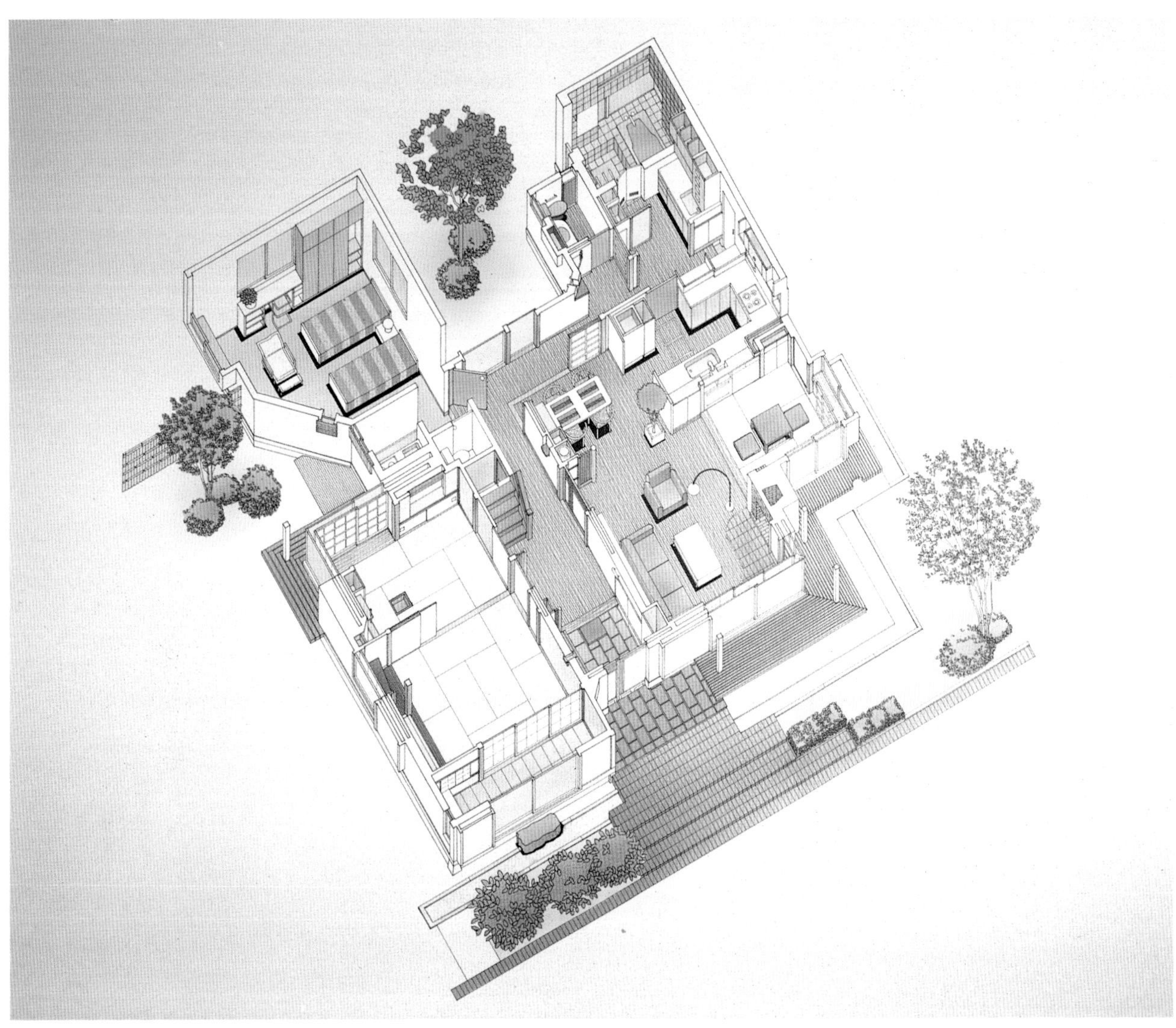

a. 展示場　b. 静岡県浜松市
c. マルモ中村住宅　d. 和田宅矛＋上原昌子　e. 和田宅矛

a. EXHIBITION HALL　b. Hamamatsu-shi, Shizuoka
c. Marumo Nakamura Jutaku Co., Ltd.　d. Takumu Wada＋Masako Uehara　e. Takumu Wada

a. 幕張国際区計画案 A　c. 日本設計事務所
d. 山城義彦　e. 山城デザインスタジオ

a. MAKUHARI SHOPPING CENTER INTERNATIONAL PLAN　c. Nihon Architects, Engineers & Consultants, Inc.　d. Yoshihiko Yamashiro　e. Yamashiro Design Studio

a. 神奈川トヨタショールーム　b. 神奈川県横浜市
c. 中西設計事務所　d. 赤坂孝史　e. 赤坂孝史

a. KANAGAWA TOYOTA SHOWROOM　b. Yokohama-shi, Kanagawa
c. Nakanishi Architectural Design Co., Ltd.　d. Takashi Akasaka　e. Takashi Akasaka

a. ショールーム　b. アメリカ合衆国ニューヨーク州
c. 日本楽器製造デザイン室　d. 和田宅矛（造研）　e. 和田宅矛

a. SHOWROOM　b. New York City, USA　c. Nippon Gakki Design Room Co., Ltd.
d. Takumu Wada (Zoken)　e. Takumu Wada

a. 千葉トヨペット船橋営業所　b. 千葉県船橋市
c. 白井建設　d. 福永文昭　e. フクナガレンダリング

a. CHIBA TOYOPET　b. Funabashi-shi, Chiba
c. Shirai Construction Co., Ltd.　d. Fumiaki Fukunaga　e. Fukunaga Rendering

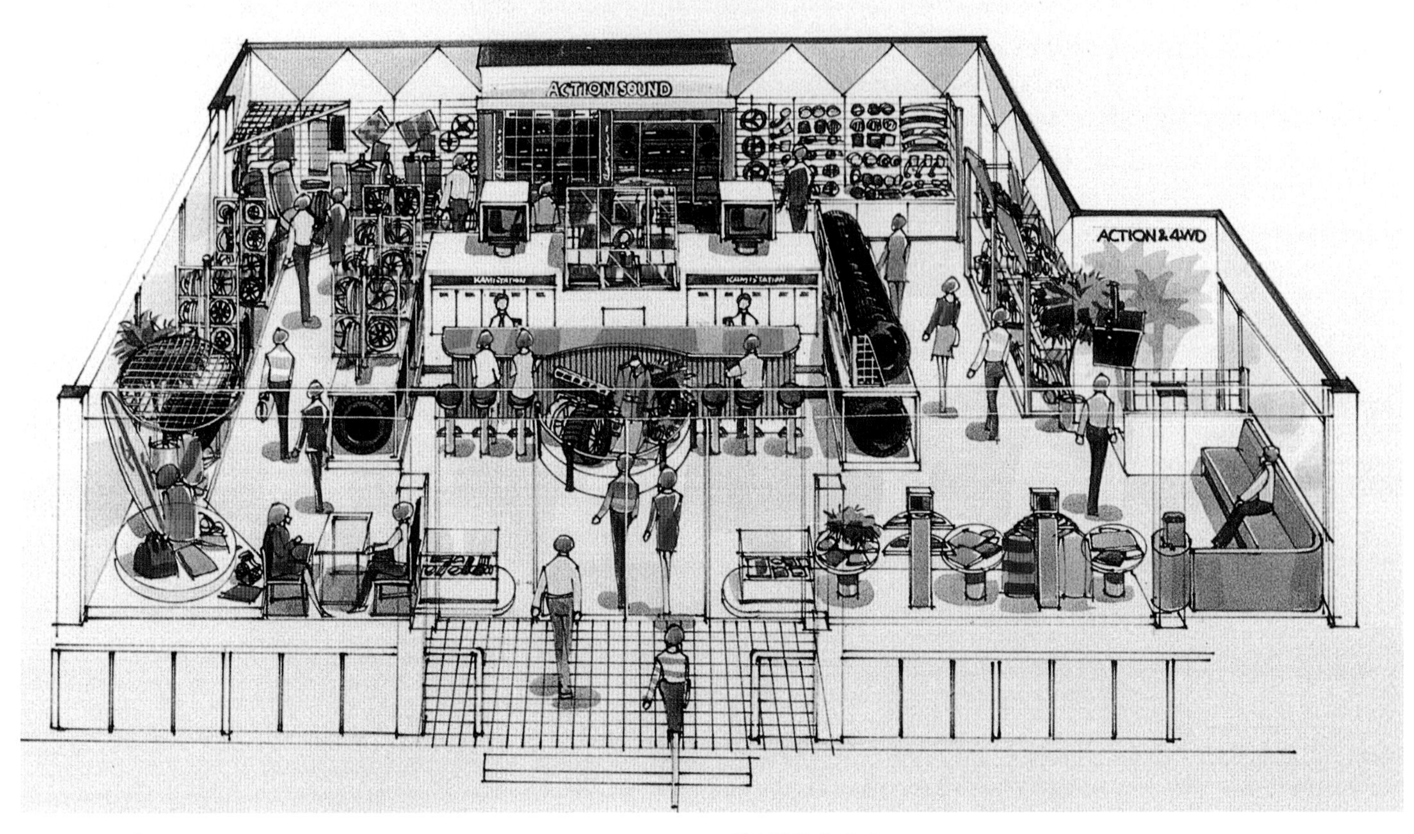

a. カーショップ　b. 大阪府
c. アーム　d. 井内一夫　e. 井内一夫

a. CAR SHOP　b. Osaka
c. Arm Co., Ltd.　d. Kazuo Inouchi　e. Kazuo Inouchi

a. 加納プラザ
b. 東京都調布市
c. 乃村工藝社
d. 岩城ゆう子
e. 乃村工藝社クリエイティブセンター

a. KANO PLAZA
b. Chofu-shi, Tokyo
c. Nomura Display Co., Ltd.
d. Yuko Iwaki
e. Nomura Display Co., Ltd. Creative Center

a. ストリートイメージ
b. 東京都
c. オレンジブック
d. 小椋勇記夫
e. 小椋勇記夫

a. STREET IMAGE
b. Tokyo
c. Orange Book Co., Ltd.
d. Yukio Ogura
e. Yukio Ogura

a. 内外 BUILDING 地下商街　b. SEOUL 中区乙支路（韓國）
c. SPACE—5　d. 安恒悳　e. 安建社

a. EUL JI ARCADE　b. Seoul Jung Gu Eul Ji Ro, Korea
c. Space-5　d. Hang Duk, An　e. Ankunsa

a. 逆瀬川 S.C.　b. 兵庫県
c. 八洋工芸　d. 井内一夫　e. 井内一夫

a. SAKASEGAWA S.C.　b. Hyogo
c. Hachiyo Kogei Co., Ltd.　d. Kazuo Inouchi　e. Kazuo Inouchi

a. ラブロ　b. 石川県金沢市　c. 乃村工藝社
d. コスピオ　打越長武　e. 乃村工藝社クリエイティブセンター

a. LABBRO　b. Kanazawa-shi, Ishikawa　c. Nomura Display Co., Ltd.
d. Kospeo Osamu Uchikoshi　e. Nomura Display Co., Ltd. Creative Center

a. ウィングタカナワ　b. 東京都港区　c. 乃村工藝社
d. コスピオ　打越長武　e. 乃村工藝社クリエイティブセンター

a. WING TAKANAWA　b. Minato-ku, Tokyo　c. Nomura Display Co., Ltd.
d. Kospeo Osamu Uchikoshi　e. Nomura Display Co.,Ltd. Creative Center

a. 大宮ドムビル　b. 埼玉県大宮市　c. 乃村工藝社
d. コスピオ　打越長武　e. 乃村工藝社クリエイティブセンター

a. OMIYA DOM BLDG.　b. Omiya-shi, Saitama　c. Nomura Display Co., Ltd.
d. Kospeo Osamu Uchikoshi　e. Nomura Display Co., Ltd. Creative Center

a. 有隣堂　b. 神奈川県横浜市
c. 乃村工藝社　d. 新井千文　e. 乃村工藝社クリエイティブセンター

a. YURINDO　b. Yokohama-shi, Kanagawa
c. Nomura Display Co., Ltd.　d. Chifumi Arai　e. Nomura Display Co., Ltd. Creative Center

a. OUB センター
b. シンガポール
c. 乃村工藝社
d. コスピオ　打越長武
e. 乃村工藝社クリエイティブセンター

a. OUB CENTRE
b. Singapore
c. Nomura Display Co., Ltd.
d. Kospeo Osamu Uchikoshi
e. Nomura Display Co., Ltd. Creative Center

a. 八王子サイドウォーク　b. 東京都八王子市
c. 乃村工藝社　d. 務川重一　e. 乃村工藝社クリエイティブセンター

a. HACHIOJI SIDEWALK　b. Hachioji-shi, Tokyo
c. Nomura Display Co., Ltd.　d. Shigekazu Mukawa　e. Nomura Display Co., Ltd. Creative Center

a. 八王子サイドウォーク　b. 東京都八王子市
c. 乃村工藝社　d. 岩城ゆう子　e. 乃村工藝社クリエイティブセンター

a. HACHIOJI SIDEWALK　b. Hachioji-shi, Tokyo
c. Nomura Display Co., Ltd.　d. Yuko Iwaki　e. Nomura Display Co., Ltd. Creative Center

a. 八王子サイドウォーク　b. 東京都八王子市
c. 乃村工藝社　d. 岩城ゆう子　e. 乃村工藝社クリエイティブセンター

a. HACHIOJI SIDEWALK　b. Hachioji-shi, Tokyo
c. Nomura Display Co., Ltd.　d. Yuko Iwaki　e. Nomura Display Co., Ltd. Creative Center

a. 八王子サイドウォーク　b. 東京都八王子市
c. 乃村工藝社　d. 岩城ゆう子　e. 乃村工藝社クリエイティブセンター

a. HACHIOJI SIDEWALK　b. Hachioji-shi, Tokyo
c. Nomura Display Co., Ltd.　d. Yuko Iwaki　e. Nomura Display Co., Ltd. Creative Center

a. 八王子サイドウォーク　b. 東京都八王子市
c. 乃村工藝社　d. 大塚恵　e. 乃村工藝社クリエイティブセンター

a. HACHIOJI SIDEWALK　b. Hachioji-shi, Tokyo
c. Nomura Display Co., Ltd.　d. Megumi Otsuka　e. Nomura Display Co., Ltd. Creative Center

a. 八王子サイドウォーク　b. 東京都八王子市
c. 乃村工藝社　d. 大塚恵　e. 乃村工藝社クリエイティブセンター

a. HACHIOJI SIDEWALK　b. Hachioji-shi, Tokyo
c. Nomura Display Co., Ltd.　d. Megumi Otsuka　e. Nomura Display Co., Ltd. Creative Center

a. 八王子サイドウォーク　b. 東京都八王子市
c. 乃村工藝社　d. 大塚恵　e. 乃村工藝社クリエイティブセンター

a. HACHIOJI SIDEWALK　b. Hachioji-shi, Tokyo
c. Nomura Display Co., Ltd.　d. Megumi Otsuka　e. Nomura Display Co., Ltd. Creative Center

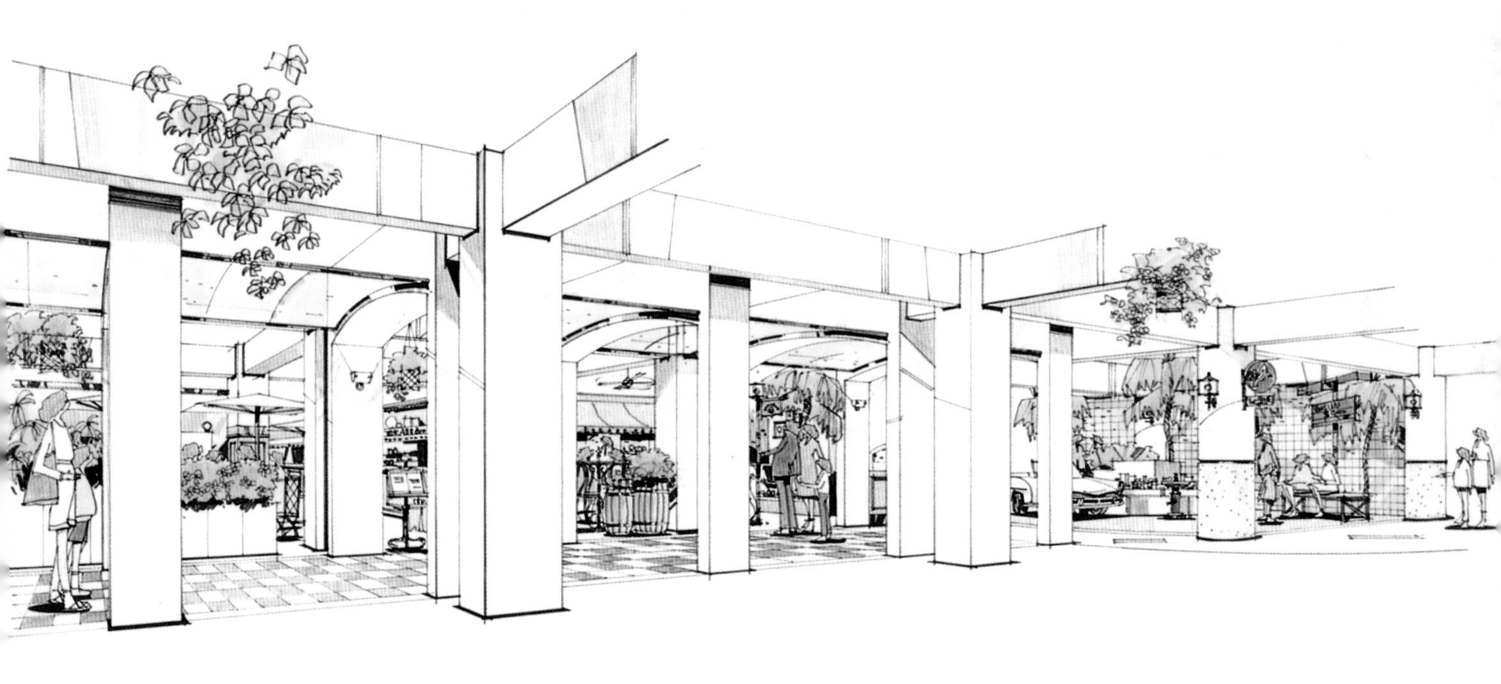

a. 八王子サイドウォーク　b. 東京都八王子市
c. 乃村工藝社　d. 石塚秀雄　e. 乃村工藝社クリエイティブセンター

a. HACHIOJI SIDEWALK　b. Hachioji-shi, Tokyo
c. Nomura Display Co., Ltd.　d. Hideo Ishizuka　e. Nomura Display Co., Ltd. Creative Center

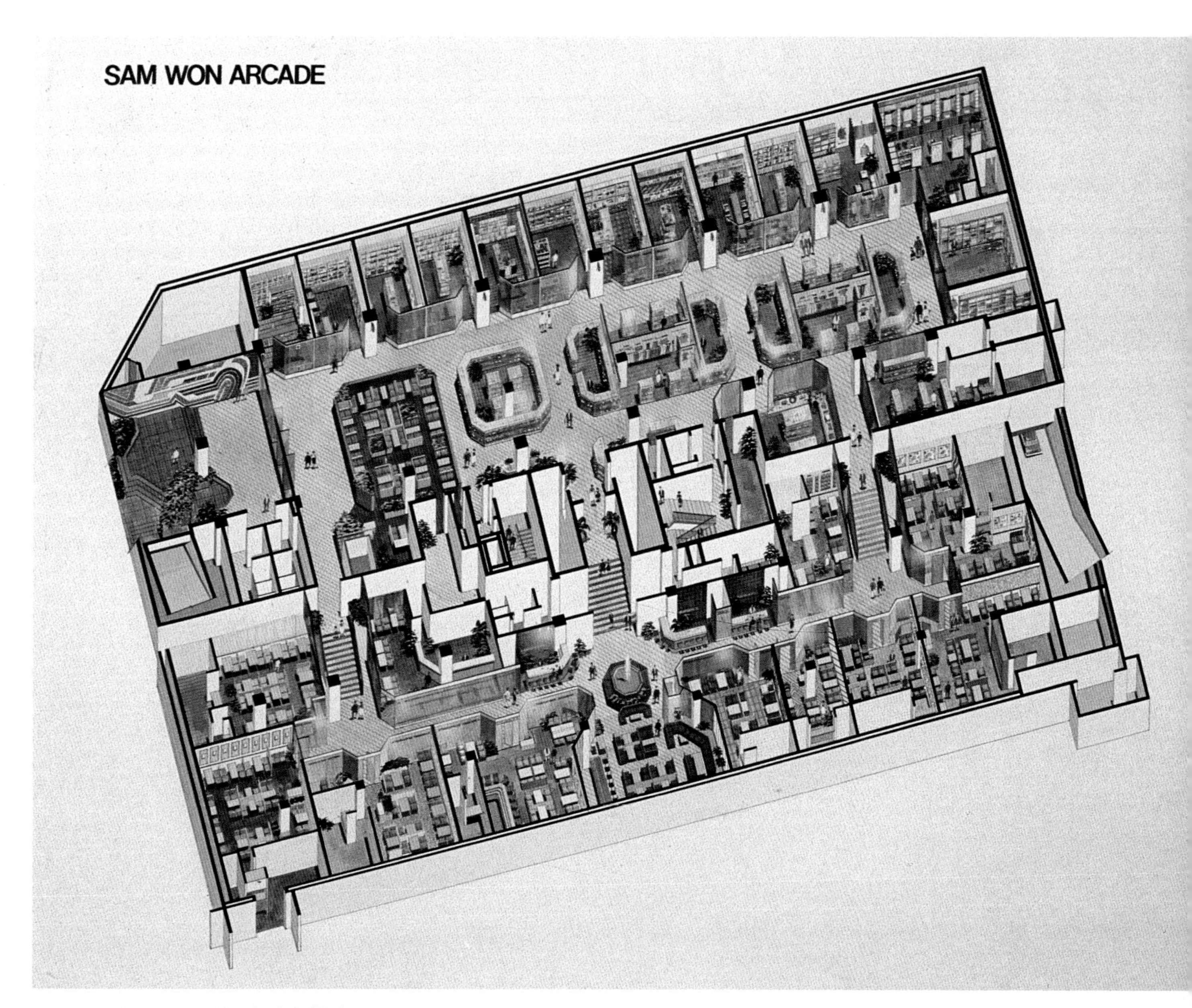

a. 三原 BLDG.地下商街　b. SEOUL 江南区永東（韓國）
c. CUBIC DESIGN　d. 片順範　e. 片順範

a. SAM WON ARCADE　b. Seoul Kangnam-gu Yongdong, Korea
c. Cubic Design　d. Soon Bum, Pyoun　e. Soon Bum, Pyoun

a. ブティック・サウスエー　c. ザ・ポイントスタジオ／アヅチ・プランニングスタジオ
d. 安土実　e. アヅチ・プランニングスタジオ

a. BOUTIQUE SOUTH A　c. The Point Studio／Azuchi Planning Studio
d. Minoru Azuchi　e. Azuchi Planning Studio

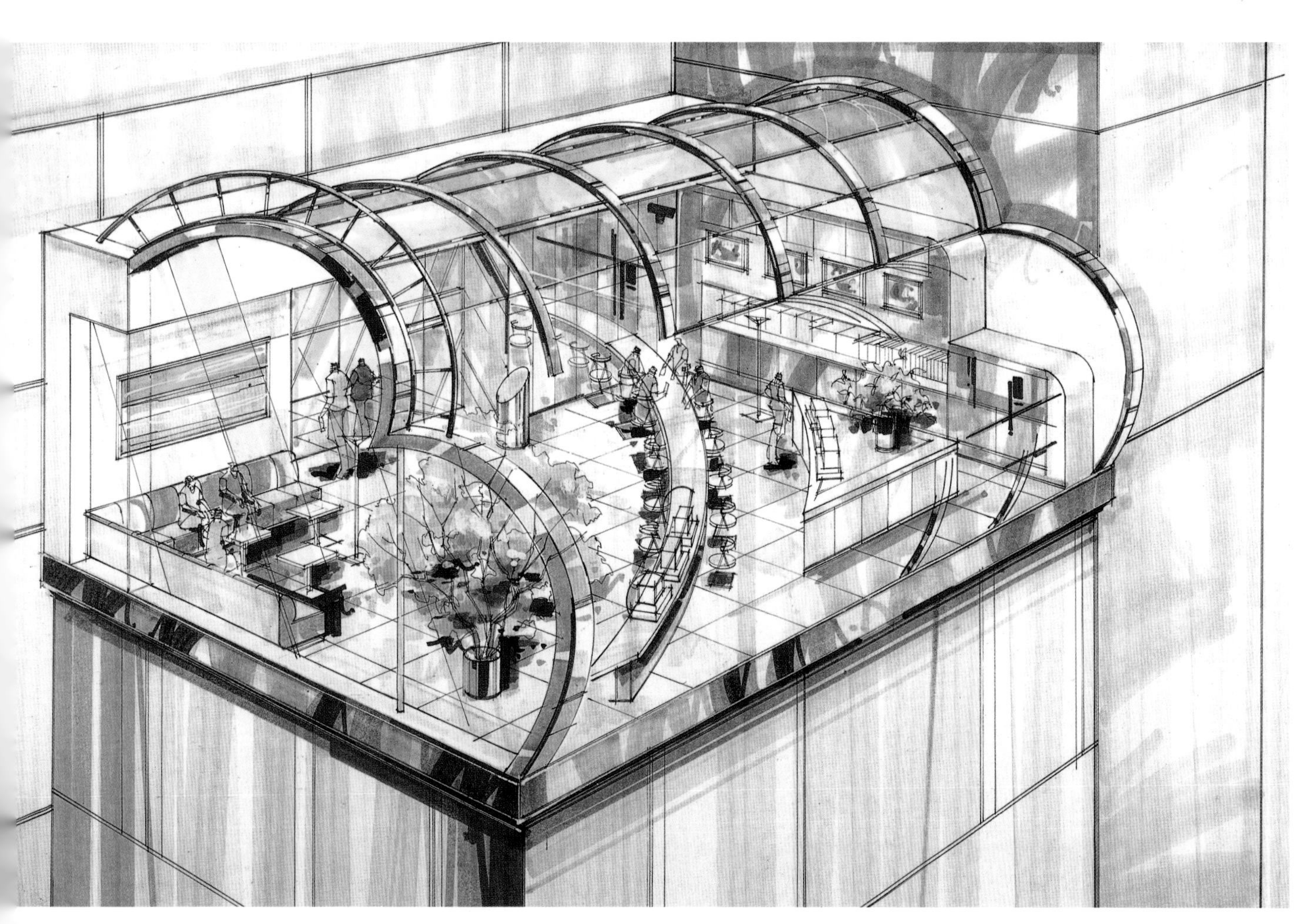

a. ショールームA　b. 東京都新宿区
c. デザインスタジオ彩　d. 安土実　e. アヅチ・プランニングスタジオ

a. SHOWROOM A　b. Shinjuku-ku, Tokyo
c. Design Studio SAI　d. Minoru Azuchi　e. Azuchi Planning Studio

a. 仏壇中原三法堂（岡南店） b. 岡山県岡山市
c. 矢内店舗設計事務所 d. 古橋孝之 e. 古橋孝之

a. BUTSUDAN NAKAHARASANPODO b. Okayama-shi, Okayama
c. Yanai Design Office Co., Ltd. d. Takayuki Furuhashi e. Takayuki Furuhashi

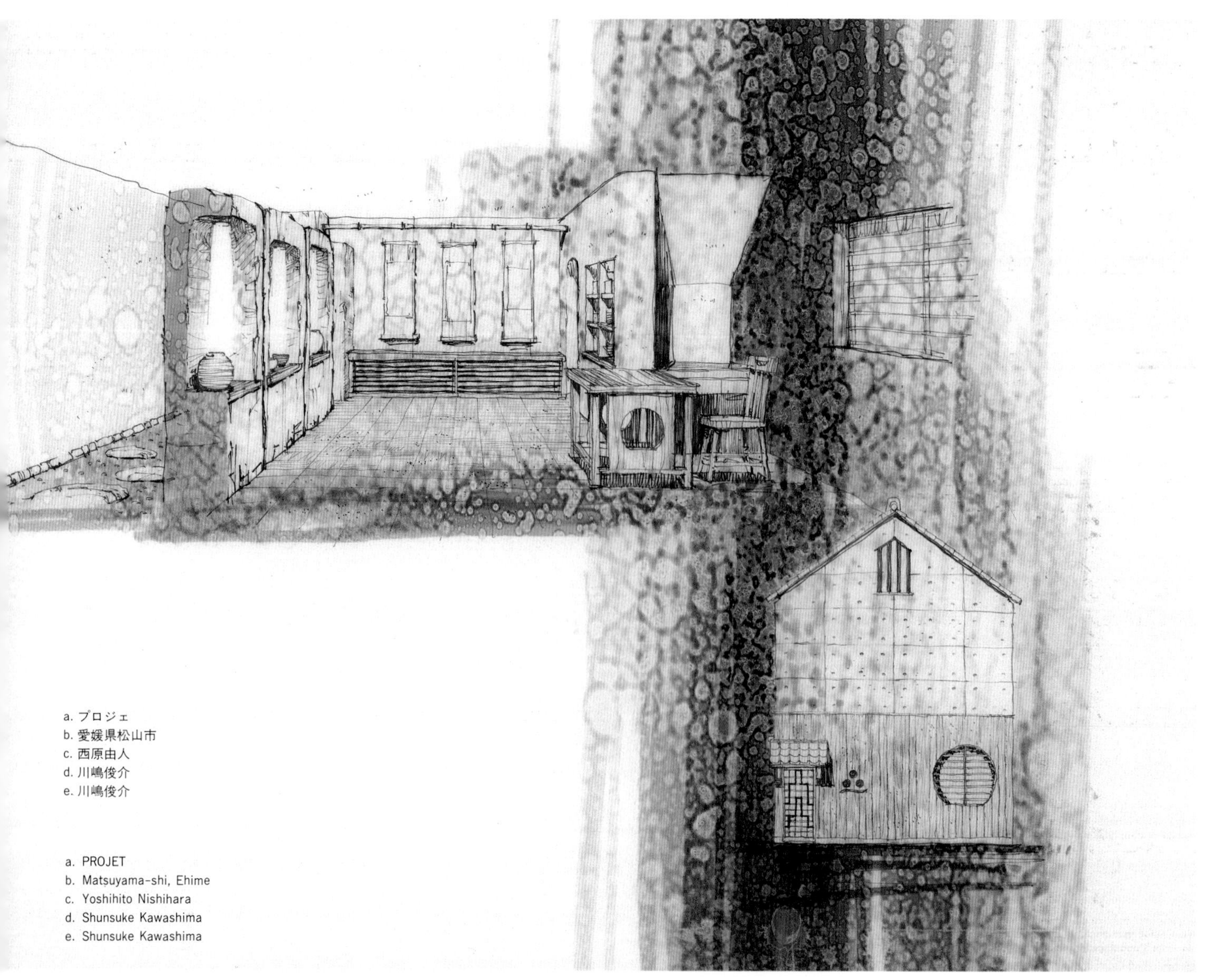

a. プロジェ
b. 愛媛県松山市
c. 西原由人
d. 川嶋俊介
e. 川嶋俊介

a. PROJET
b. Matsuyama-shi, Ehime
c. Yoshihito Nishihara
d. Shunsuke Kawashima
e. Shunsuke Kawashima

2.飲食

洋菓子店

日本料理店

レストラン

スナック

喫茶店

居酒屋

割烹

ビアホール

フードコーナー

etc.

2.FOOD & DRINK

Confectionery Shops

Bistros

Japanese Restaurants

Bars

Tea Houses

Grills

Beer Halls

Food Corners

etc.

a. ケーキショップ計画案　b. 神奈川県横浜市
c. 柳川デザイン設計事務所　d. 柳川敏行　e. 柳川敏行

a. CAKE SHOP　b. Yokohama-shi, Kanagawa
c. Yanagawa Design Office　d. Toshiyuki Yanagawa　e. Toshiyuki Yanagawa

a. シティ　b. 東京都豊島区
c. ファイブ・ワン設計事務所　d. 柳川敏行　e. 柳川敏行

a. CITY　b. Toshima-ku, Tokyo
c. Five One Design Office　d. Toshiyuki Yanagawa　e. Toshiyuki Yanagawa

a. カフェバー計画案　b. 愛知県名古屋市
c. 大丸装工事業部　d. 森聖一デザイン事務所　森聖一　e. 森聖一

a. CAFE BAR (PLAN)　b. Nagoya-shi, Aichi　c. The Daimaru Inc., Design & Engineering Division
d. Seiichi Mori Design Office　Seiichi Mori　e. Seiichi Mori

a. パブ“ハヴ”　b. 東京都渋谷区
c. アド・スペース インターナショナル　d. 西川日出世　e. アトリエ TOKI

a. PUB 'HAVE'　b. Shibuya-ku, Tokyo
c. AD Space International Co., Ltd.　d. Hideyo Nishikawa　e. Atorietoki

a. ボーノ・ボーノ西銀座店　b. 東京都中央区
c. 丹青社　d. 菅原律子　e. 丹青社

a. BOUNO BOUNO NISHIGINZA　b. Chuo-ku, Tokyo
c. Tanseisha Co., Ltd.　d. Ritsuko Sugawara　e. Tanseisha Co., Ltd.

a. カフェ・セジュール川越店　b. 埼玉県川越市
c. 丹青社　d. 菅原律子　e. 丹青社

a. CAFÉ SÉJOUR KAWAGOETEN　b. Kawagoe-shi, Saitama
c. Tanseisha Co., Ltd.　d. Ritsuko Sugawara　e. Tanseisha Co., Ltd.

a. 新宿 MT 計画　b. 東京都新宿区
c. 丹青社　d. 菅原律子　e. 丹青社

a. SHINJUKU MT PLAN　b. Shinjuku-ku, Tokyo
c. Tanseisha Co., Ltd.　d. Ritsuko Sugawara　e. Tanseisha Co., Ltd.

a. NS 計画　c. 丹青社
d. 菅原律子　e. 丹青社

a. NS PLAN　c. Tanseisha Co., Ltd.
d. Ritsuko Sugawara　e. Tanseisha Co., Ltd.

a. 菊香庵計画　c. 丹青社
d. 菅原律子　e. 丹青社

a. KIKKOAN PLAN　c. Tanseisha Co., Ltd.
d. Ritsuko Sugawara　e. Tanseisha Co., Ltd.

a. 自然食レストラン　b. 兵庫県神戸市
c. フォーラム建築研究所　d. 中根典子　e. 中根典子

a. NATURAL FOODS RESTAURANT　b. Kobe-shi, Hyogo
c. Forum Architects' Office　d. Noriko Nakane　e. Noriko Nakane

a. 箕面スパ・ガーデン和風コーナー　b. 大阪府箕面市
c. 坂倉建築研究所（大阪事務所）　d. 松田邦裕　e. 松田邦裕

a. MINO SUPA GARDEN WAFU CORNER　b. Mino-shi, Osaka
c. Sakakura Associates Co., Ltd. Osaka Office　d. Kunihiro Matsuda　e. Kunihiro Matsuda

a. 日本料理店
d. 堀口憲嗣　e. 堀口憲嗣

a. JAPANESE RESTAURANT
d. Noritsugu Horiguchi　e. Noritsugu Horiguchi

a. レストランA　b. 群馬県桐生市
c. 飯塚建築設計室　d. 津田益司　e. 津田益司

a. RESTAURANT A　b. Kiryu-shi, Gumma
c. Iizuka Architectural Design　d. Masumori Tsuda　e. Masumori Tsuda

a. レストランB　b. 群馬県桐生市
c. 飯塚建築設計室　d. 津田益司　e. 津田益司

a. RESTAURANT B　b. Kiryu-shi, Gumma
c. Iizuka Architectural Design　d. Masumori Tsuda　e. Masumori Tsuda

a. 新宿M計画　c. 丹青社
d. 深沢千賀子　e. 丹青社

a. SHINJUKU M PLAN　c. Tanseisha Co., Ltd.
d. Chikako Fukazawa　e. Tanseisha Co., Ltd.

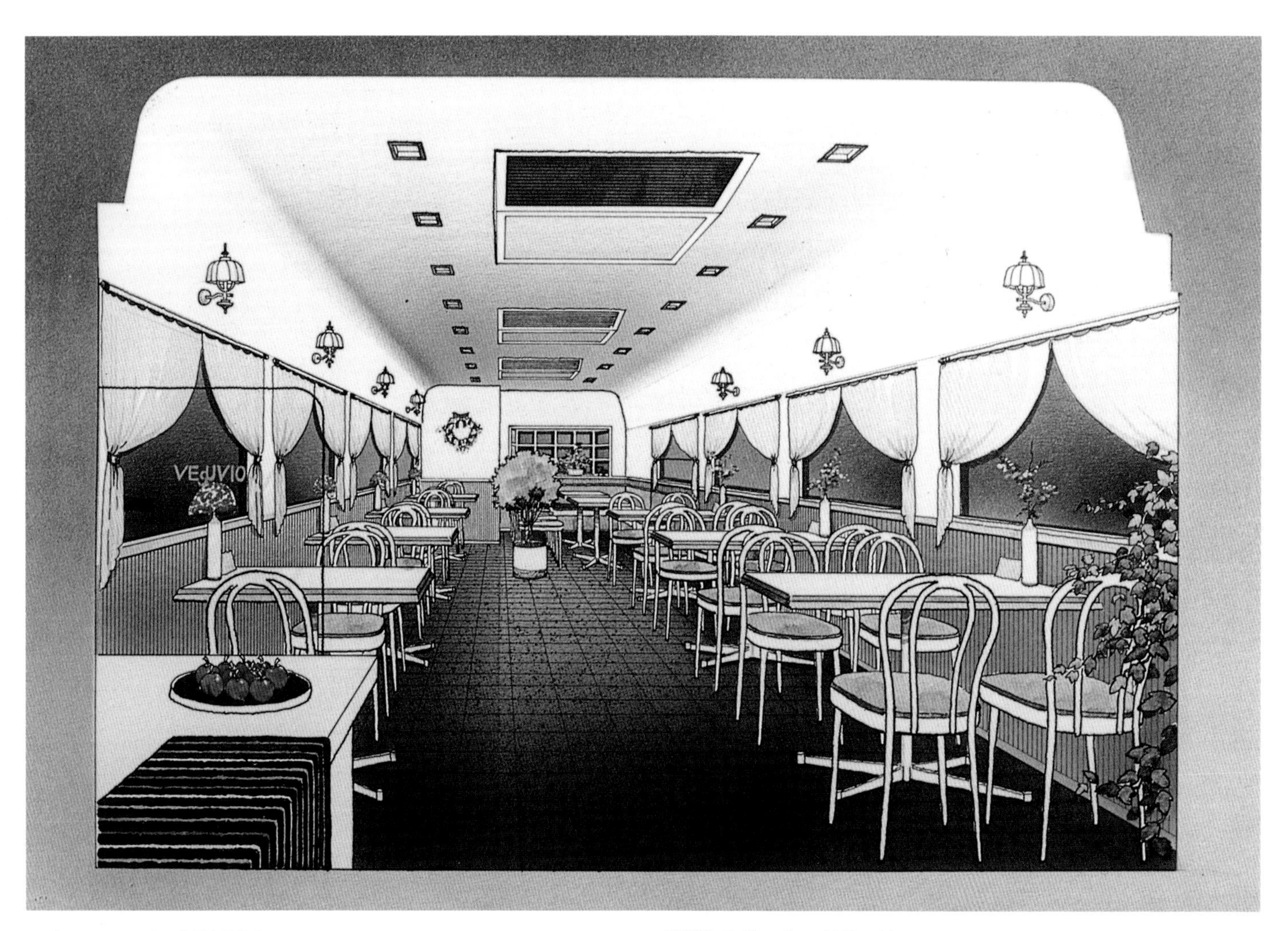

a. ヴィスビオ　b. 鹿児島県鹿児島市
c. 国鉄鹿児島鉄道管理局建築区　d. 現代画房　春田信行　e. 現代画房

a. VESVIO　b. Kagoshima-shi, Kagoshima
c. Kokutetsu Kagoshima Kanrikyoku Kenchiku　d. Gendai Gabo Nobuyuki Haruta　e. Gendai Gabo

a. TEA ROOM　b. 大阪府東大阪市
c. よしのデザイン事務所　d. 芳野明　e. 芳野明

a. TEA ROOM　b. Higashi Osaka-shi, Osaka
c. Yoshino Design Office　d. Akira Yoshino　e. Akira Yoshino

a. スナック　b. 兵庫県神戸市
c. A&N デザイン　d. 中根典子　e. 中根典子

a. SNACK　b. Kobe-shi, Hyogo
c. A & N Design　d. Noriko Nakane　e. Noriko Nakane

a. フードコーナー（ガストロノミ） b. 兵庫県神戸市
c. ルック 5 d. 中根典子 e. 中根典子

a. FOOD CORNER (GASTRONOME) b. Kobe-shi, Hyogo
c. Look 5 d. Noriko Nakane e. Noriko Nakane

a. シェ・ハマザキ b. 徳島県徳島市
c. アタケ河野陽一建築事務所 d. 福永文昭 e. アタケ河野陽一建築事務所

a. CHEZ HAMAZAKI b. Tokushima-shi, Tokushima c. Atake Yoichi Kawano Construction
d. Fumiaki Fukunaga e. Atake Yoichi Kawano Construction

a. ラウンジ　b. 大阪府大阪市
c. 村本建設　d. 仲田貴代史　e. 仲田貴代史

a. LOUNGE　b. Osaka-shi, Osaka
c. Muramoto Kensetsu Co., Ltd.　d. Kiyoshi Nakata　e. Kiyoshi Nakata

a. 喫茶ラウンジ　b. 大阪府大阪市
c. 宮後建築設計事務所　d. 仲田貴代史　e. 仲田貴代史

a. TEA LOUNGE　b. Osaka-shi, Osaka
c. Miyago Kenchiku Sekkei Office Co., Ltd.　d. Kiyoshi Nakata　e. Kiyoshi Nakata

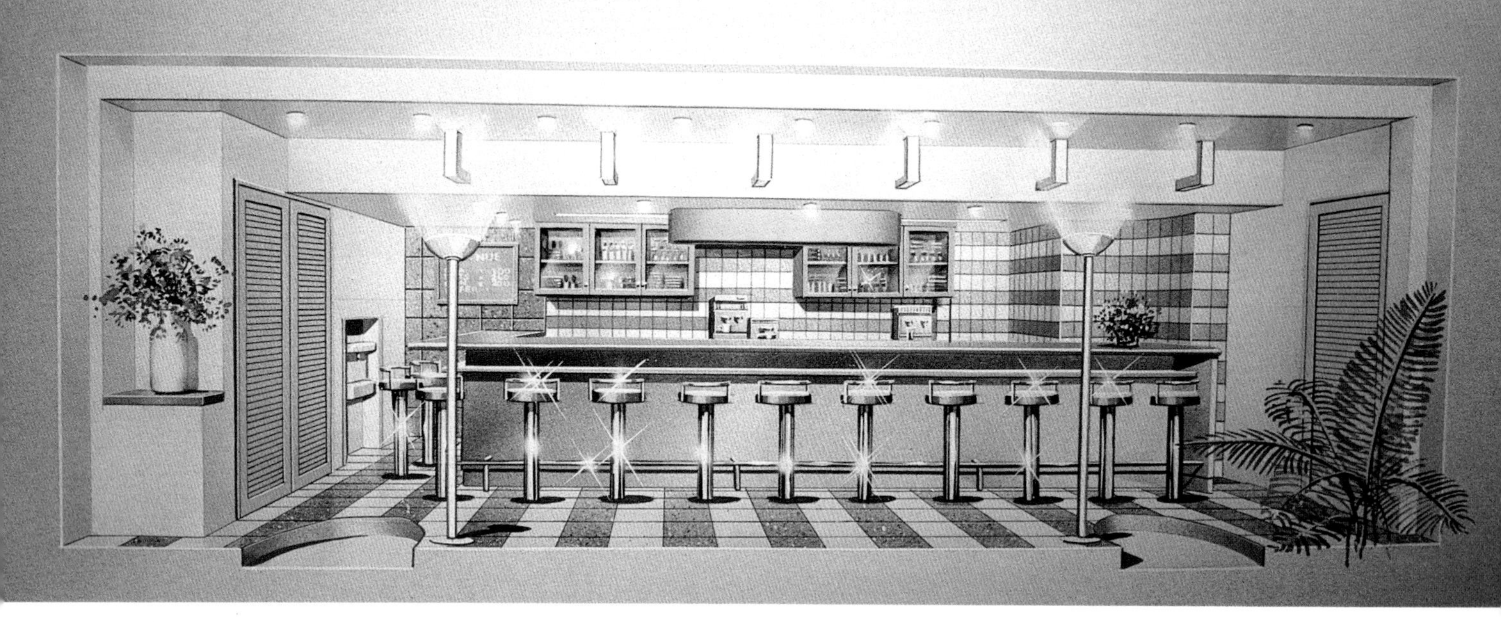

a. 喫茶水中翼船　b. 大阪府大阪市
c. 阪急エンジニアリング　d. 松田邦裕　e. 松田邦裕

a. CAFE SUICHUYOKUSEN　b. Osaka-shi, Osaka
c. Hankyu Engineering Co., Ltd.　d. Kunihiro Matsuda　e. Kunihiro Matsuda

a. 喫茶店　b. 大阪府大阪市
c. 阪急エンジニアリング　d. 松田邦裕　e. 松田邦裕

a. TEA ROOM　b. Osaka-shi, Osaka
c. Hankyu Engineering Co., Ltd.　d. Kunihiro Matsuda　e. Kunihiro Matsuda

a. Mレストラン計画　b. 東京都
c. 丹青社　d. 原田剛　e. 丹青社

a. M RESTAURANT PLAN b. Tokyo
c. Tanseisha Co., Ltd. d. Tsuyoshi Harada e. Tanseisha Co., Ltd.

a. 奈良ロイヤルホテルレストランコーナー　b. 奈良県
c. ナイキ　d. 森山雅彦　e. 森山雅彦

a. NARA ROYAL HOTEL RESTAURANT CORNER　b. Nara
c. Naiki Co., Ltd.　d. Masahiko Moriyama　e. Masahiko Moriyama

a. ロッテ蚕室（チャムシル）プロジェクト　b. 東京都　c. 黒川紀章建築都市設計事務所
d. ヒューマンファクター　中村佳代　e. ヒューマンファクター

a. LOTTE CHAMUSHIRU PROJECT　b. Tokyo
c. Kurokawa Kisho Kenchiku Toshi Planning Office　d. Kayo Nakamura　e. Human Factor

a. ビアレストラン
ミュンヘン
b. 愛媛県砥部町
c. プランニング アクス
関谷正男
d. 川嶋俊介＋花岡徳久
e. 川嶋俊介

a. BEER RESTAURANT
MUNCHEN
b. Tobe-cho, Ehime
c. Planning 'AX' Masao Sekiya
d. Shunsuke Kawashima＋
Norihisa Hanaoka
e. Shunsuke Kawashima

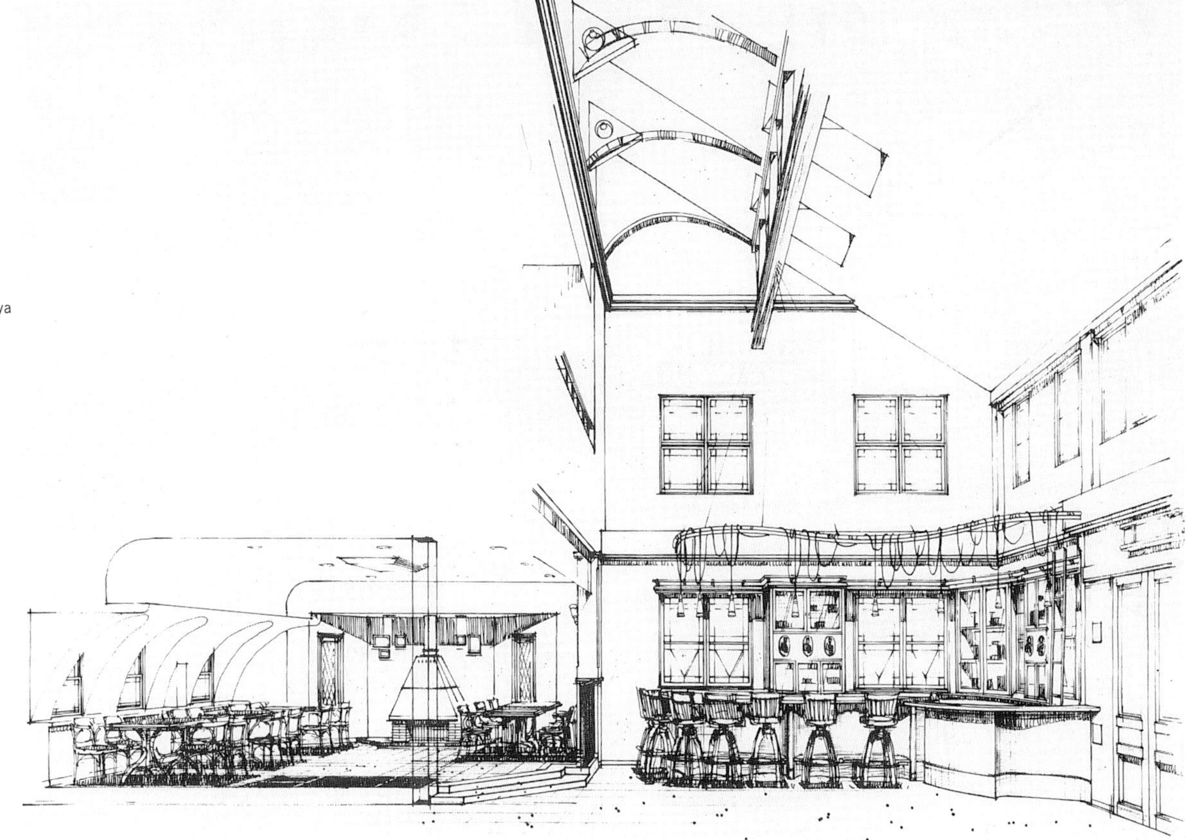

a. レストラン"仙"　b. 千葉県柏市
c. 殖産住宅相互　d. 斎藤由美子　e. 殖産住宅相互

a. RESTAURANT 'SEN'　b. Kashiwa-shi, Chiba
c. Shokusan Jutaku Sogo Co., Ltd.　d. Yumiko Saito　e. Shokusan Jutaku Sogo Co., Ltd.

a. レストラン"味道苑"　b. 千葉県成田市
c. 殖産住宅相互　d. 斎藤由美子　e. 殖産住宅相互

a. RESTAURANT 'MIDOEN'　b. Narita-shi, Chiba
c. Shokusan Jutaku Sogo Co., Ltd.　d. Yumiko Saito　e. Shokusan Jutaku Sogo Co., Ltd.

a. 南国酒家本館　b. 東京都渋谷区
c. 松崎建築設計事務所　d. 福永文昭　e. フクナガレンダリング

a. NANGOKU SYUKA　b. Shibuya-ku, Tokyo
c. Matsuzaki Associated Engineers Co., Ltd.　d. Fumiaki Fukunaga　e. Fukunaga Rendering

a. カフェ・レストラン「キャッツ・アンド・ビー」計画案
c. センチメンタルシティスタジオ　d. 安土実　e. アヅチ・プランニングスタジオ

a. CAFE RESTAURANT CAT & BEE　c. Sentimental City Studio
d. Minoru Azuchi　e. Azuchi Planning Studio

a. レストラン　鬼の隠れ場　b. 東京都渋谷区
c. ザ・ポイントスタジオ　d. 安土実　e. アヅチ・プランニングスタジオ

a. RESTAURANT ONI NO KAKUREBA　b. Shibuya-ku, Tokyo
c. The Point Studio　d. Minoru Azuchi　e. Azuchi Planning Studio

a. レストラン　シシリア　b. 愛媛県松山市
c. 西原由人　d. 川嶋俊介　e. 川嶋俊介

a. RESTAURANT SICILIA　b. Matsuyama-shi, Ehime
c. Yoshihito Nishihara　d. Shunsuke Kawashima　e. Shunsuke Kawashima

a. カジュアルレストラン　b. 大阪府大阪市
c. ミアインテリアアソシエイツ　d. 宮後浩　e. コラムデザインセンター

a. CASUAL RESTAURANT　b. Osaka-shi, Osaka
c. MIA Interior Associates Co., Ltd.　d. Hiroshi Miyago　e. Koramu Design Center

a. レストランバー2001　c. ザ・ポイントスタジオ／アヅチ・プランニングスタジオ
d. 安土実　e. アヅチ・プランニングスタジオ

a. RESTAURANT BAR 2001 c. The Point Studio／Azuchi Planning Studio
d. Minoru Azuchi e. Azuchi Planning Studio

a. レストラン「パセオ41」 b. 大阪府堺市
c. 宮後建築事務所 d. 宮後浩 e. コラムデザインセンター

a. RESTAURANT 'PASEO 41' b. Sakai-shi, Osaka
c. Miyago Architectural Office d. Hiroshi Miyago e. Koramu Design Center

a. カントリーイン b. 京都府京都市
c. ノールプランニングアソシエイツ d. 小西久雄 e. 小西久雄

a. COUNTRY INN b. Kyoto-shi, Kyoto
c. NOR Planning Associates d. Hisao Konishi e. Hisao Konishi

a. 奥林匹克飯店レストラン　b. 北京（中華人民共和国）
c. 久米建築事務所　d. オズ・アトリエ　e. オズ・アトリエ

a. OLYMPIC HOTEL　b. Peking, China
c. Kume Architects-Engineers　d. Oz Atorie　e. Oz Atorie

a. 奥林匹克飯店バーラウンジ　b. 北京（中華人民共和国）
c. 久米建築事務所　d. オズ・アトリエ　e. オズ・アトリエ

a. OLYMPIC HOTEL　b. Peking, China
c. Kume Architects-Engineers　d. Oz Atorie　e. Oz Atorie

a. 割烹“大八車”　b. 千葉県千葉市
c. 殖産住宅相互　d. 斎藤由美子　e. 殖産住宅相互

a. KAPPO 'DAIHACHIGURUMA'　b. Chiba-shi, Chiba
c. Shokusan Jutaku Sogo Co., Ltd.　d. Yumiko Saito　e. Shokusan Jutaku Sogo Co., Ltd.

a.「肉の万世」宇都宮店
b. 栃木県宇都宮市
c. 高橋建築設計事務所
d. 丸木みる
e. 丸木みる

a. NIKUNO MANSEI
UTSUNOMIYA LOCATION
b. Utsunomiya-shi, Tochigi
c. Takahashi Associated and
Engineers Co., Ltd.
d. Miru Maruki
e. Miru Maruki

a.「肉の万世」新橋店
b. 東京都港区
c. 高橋建築設計事務所
d. 丸木みる
e. 丸木みる

a. NIKUNO MANSEI
SHINBASHI LOCATION
b. Minato-ku, Tokyo
c. Takahashi Associated and
Engineers Co., Ltd.
d. Miru Maruki
e. Miru Maruki

a.「肉の万世」お茶の水店
b. 東京都千代田区
c. 高橋建築設計事務所
d. 丸木みる
e. 丸木みる

a. NIKUNO MANSEI
OCHANOMIZU LOCATION
b. Chiyoda-ku, Tokyo
c. Takahashi Associated and
Engineers Co., Ltd.
d. Miru Maruki
e. Miru Maruki

a.「肉の万世」赤羽店
b. 東京都北区
c. 高橋建築設計事務所
d. 丸木みる
e. 丸木みる

a. NIKUNOMANSEI
AKABANE LOCATION
b. Kita-ku, Tokyo
c. Takahashi Associated and
Engineers Co., Ltd.
d. Miru Maruki
e. Miru Maruki

3.レジャー

ビーチホテル

ラウンジロビー

宴会場

結婚式場

劇場

能舞台

催事場

レジャーランド

ライブハウス

etc.

3.LEISURE

Beach Hotels

Lounges

Lobbies

Reception Halls

Banquet Halls

Wedding Halls

Theaters

Leisure Centers

Live Performance Houses

etc.

a. D 計画（BEACH HOTEL） c. 小河建築設計事務所
d. 橋本デザイン事務所 橋本秀章 e. 橋本デザイン事務所

a. D PLAN (BEACH HOTEL) c. Ogawa Kenchiku Sekkei Co., Ltd.
d. Hashimoto Design Office Hideaki Hashimoto e. Hashimoto Design Office

a. 伊丹東京第一ホテルロビー b. 兵庫県伊丹市
c. 日本設計事務所 d. レンダリング RIYA e. レンダリング RIYA

a. ITAMI TOKYO DAI-ICHI HOTEL LOBBY b. Itami-shi, Hyogo c. Nihon Architects, Engineers & Consultants, Inc. d. Rendering Riya Co., Ltd. e. Rendering Riya Co., Ltd.

a. "銀河"（瀬戸内海汽船） c. 大丸装工事業部
d. 森聖一デザイン事務所 森聖一 e. 森聖一

a. 'GINGA' c. The Daimaru Inc. Design & Engineering Division
d. Seiichi Mori Design Office Seiichi Mori e. Seiichi Mori

a. "ニューはまなす"（新日本海フェリー） c. 大丸装工事業部
d. 森聖一デザイン事務所 森聖一 e. 森聖一

a. 'NEW HAMANASU' c. The Daimaru Inc. Design & Engineering Division
d. Seiichi Mori Design Office Seiichi Mori e. Seiichi Mori

a. 沖縄オーシャンビューホテル／ラウンジ　b. 沖縄県那覇市
c. 清水建設設計本部　d. 山田和明　e. 清水建設

a. OKINAWA OCEAN VIEW HOTEL LOUNGE b. Naha-shi, Okinawa
c. Shimizu Construction Co., Ltd. Design Division d. Kazuaki Yamada e. Shimizu Construction Co., Ltd.

a. 沖縄オーシャンビューホテル／エントランスロビー　b. 沖縄県那覇市
c. 清水建設設計本部　d. 山我浩章　e. 清水建設

a. OKINAWA OCEAN VIEW HOTEL ENTRANCE LOBBY　b. Naha-shi, Okinawa
c. Shimizu Construction Co., Ltd. Design Division
d. Hiroaki Yamaga　e. Shimizu Construction Co., Ltd.

a. 計画 A
d. 山城義彦　e. 山城デザインスタジオ

a. THE PROJECT A
d. Yoshihiko Yamashiro　e. Yamashiro Design Studio

a. ホテルロビー計画案　b. 大阪府大阪市
c. 坂倉建築研究所大阪事務所　d. 松田邦裕　e. 松田邦裕

a. HOTEL LOBBY PLAN　b. Osaka-shi, Osaka
c. Sakakura Associates Co., Ltd. Osaka Office　d. Kunihiro Matsuda　e. Kunihiro Matsuda

a. エントランスホール　b. 大阪府大阪市
c. 日本設計事務所大阪支社　d. 松田邦裕　e. 松田邦裕

a. ENTRANCE HALL　b. Osaka-shi, Osaka
c. Nihon Sekkei Jimusho Co., Ltd. Osaka Branch　d. Kunihiro Matsuda　e. Kunihiro Matsuda

a. ホテルロビー b. 大阪府大阪市
c. ジャス d. 森山雅彦 e. 森山雅彦

a. HOTEL LOBBY b. Osaka-shi, Osaka
c. JAS Co., Ltd. d. Masahiko Moriyama e. Masahiko Moriyama

a. OBP・ツインタワー ロビー演出計画 b. 大阪府大阪市
c. 千伝社 d. 秦昇八・湯栗康文 e. 秦昇八

a. OBP TWIN TOWER LOBBY DESIGN b. Osaka-shi, Osaka
c. Sendensha Co., Ltd. d. Shohachi Hata, Yasufumi Yuguri e. Shohachi Hata

a. Tホテル計画案　c. ザ・ポイントスタジオ／アヅチ・プランニングスタジオ
d. 安土実　e. アヅチ・プランニングスタジオ

a. T HOTEL PLAN　c. The Point Studio／Azuchi Planning Studio
d. Minoru Azuchi　e. Azuchi Planning Studio

a. Bビル インフォメーション　c. ザ・ポイントスタジオ／アヅチ・プランニングスタジオ
d. 安土実　e. アヅチ・プランニングスタジオ

a. B. BLDG. INFORMATION　c. The Point Studio／Azuchi Planning Studio
d. Minoru Azuchi　e. Azuchi Planning Studio

a. 東洋ホテル　b. 大阪府大阪市
c. 建築設計＝大林組／内装設計＝乃村工藝社　d. 山藤晋　e. 乃村工藝社大阪社

a. TOYO HOTEL b. Osaka-shi, Osaka
c. Obayashi-gumi／Nomura Display Co., Ltd. d. Susumu Santo e. Nomura Display Co., Ltd. Osaka Branch

a. ホテル宴会場　b. 静岡県浜松市
c. 山内総合設計研究所　d. 和田宅矛（造研）＋上原昌子　e. 和田宅矛

a. HOTEL RECEPTION ROOM　b. Hamamatsu-shi, Shizuoka
c. Yamauchi Sogo Sekkei Kenkyusho　d. Takumu Wada (Zoken)＋Masako Uehara　e. Takumu Wada

a. 結婚式場大宴会場　b. 京都府京都市
c. 南建築事務所　d. 桑野忠　e. 桑野忠

a. KEKKON SHIKIJO DAIENKAIJO　b. Kyoto-shi, Kyoto
c. Minami Kenchiku Office Co., Ltd.　d. Tadashi Kuwano　e. Tadashi Kuwano

a. 柏平安閣（アトリエタイプ） b. 千葉県柏市 c. 竹中工務店
d. 竹中工務店 河野美雄 e. 竹中工務店

a. KASHIWA HEIANKAKU b. Kashiwa-shi, Chiba c. Takenaka Komuten Co., Ltd.
d. Takenaka Komuten Co., Ltd. Yoshio Kono e. Takenaka Komuten Co., Ltd.

a. 柏平安閣（ディスコタイプ） b. 千葉県柏市
c. 竹中工務店 d. 竹中工務店 河野美雄 e. 竹中工務店

a. KASHIWA HEIANKAKU　b. Kashiwa-shi, Chiba
c. Takenaka Komuten Co., Ltd.　d. Takenaka Komuten Co., Ltd.　Yoshio Kono　e. Takenaka Komuten Co., Ltd.

a. ウェディングプラザ　日本閣　b. 愛媛県松山市
c. 富士造型　d. 川嶋俊介＋花岡徳久　e. 川嶋俊介

a. WEDDING PLAZA NIHONKAKU　b. Matsuyama-shi, Ehime
c. Fujizokei Co., Ltd.　d. Shunsuke Kawashima＋Norihisa Hanaoka　e. Shunsuke Kawashima

a. ホテル２Ｆロビー　b. 兵庫県神戸市
c. 岸本建築設計＋よしのデザイン事務所　d. 芳野明　e. 芳野明

a. HOTEL SECOND FLOOR LOBBY　b. Kobe-shi, Hyogo
c. Iwamoto Kenchiku Sekkei＋Yoshino Design Office　d. Akira Yoshino　e. Akira Yoshino

a. ビアレストラン"ヒップ・ホップ"（品川プリンスホテル別館） b. 東京都港区
c. 竹中工務店 d. 竹中工務店 松下久美 e. 竹中工務店

a. BEER RESTAURANT 'HIP-HOP' SHINAGAWA PRINCE HOTEL ANNEX b. Minato-ku, Tokyo
c. Takenaka Komuten Co., Ltd. d. Takenaka Komuten Co., Ltd. Kumi Matsushita e. Takenaka Komuten Co., Ltd.

a. ヒルトップ松城 b. 静岡県浜松市
c. 須山建設 d. 和田宅矛（造研） e. 和田宅矛

a. HILLTOP MATSUSHIRO b. Hamamatsu-shi, Shizuoka
c. Suyama Kensetsu Co., Ltd. d. Takumu Wada (Zoken) e. Takumu Wada

a. "すしバー"（ホテルニッコーサンフランシスコ） b. アメリカ合衆国カリフォルニア州
c. 竹中工務店 d. 竹中工務店 松下久美 e. 竹中工務店

a. SUSHI-BAR (HOTEL NIKKO SAN FRANCISCO) b. California, USA
c. Takenaka Komuten Co., Ltd. d. Takenaka Komuten Co., Ltd. Kumi Matsushita e. Takenaka Komuten Co., Ltd.

a. ホテル　シェレナ　b. 兵庫県神戸市　c. 大丸装工事業部
d. 森聖一デザイン事務所　森聖一　e. 森聖一

a. HOTEL CHERENA　b. Kobe-shi, Hyogo　c. The Daimaru Inc. Design & Engineering Division
d. Seiichi Mori Design Office　Seiichi Mori　e. Seiichi Mori

a. ホテルコスモ　b. 東京都江戸川区
c. 一級建築士事務所　集建築工房　d. とみあとりえ　斉藤富子　e. 斉藤富子

a. HOTEL COSMO　b. Edogawa-ku, Tokyo
c. Shu Architectural Planning Office　d. Tomiatorie Tomiko Saito　e. Tomiko Saito

a. 計画 B
d. 山城義彦　e. 山城デザインスタジオ

a. THE PROJECT B
d. Yoshihiko Yamashiro　e. Yamashiro Design Studio

a. ホテル　ベレビュードレスデン　b. 東ドイツドレスデン市
c. 鹿島建設建築設計本部　e. 鹿島建設

a. HOTEL BELLEVUE DRESDEN　b. Dresden, GDR
c. Kajima Corporation Architectural Design Division　e. Kajima Corporation

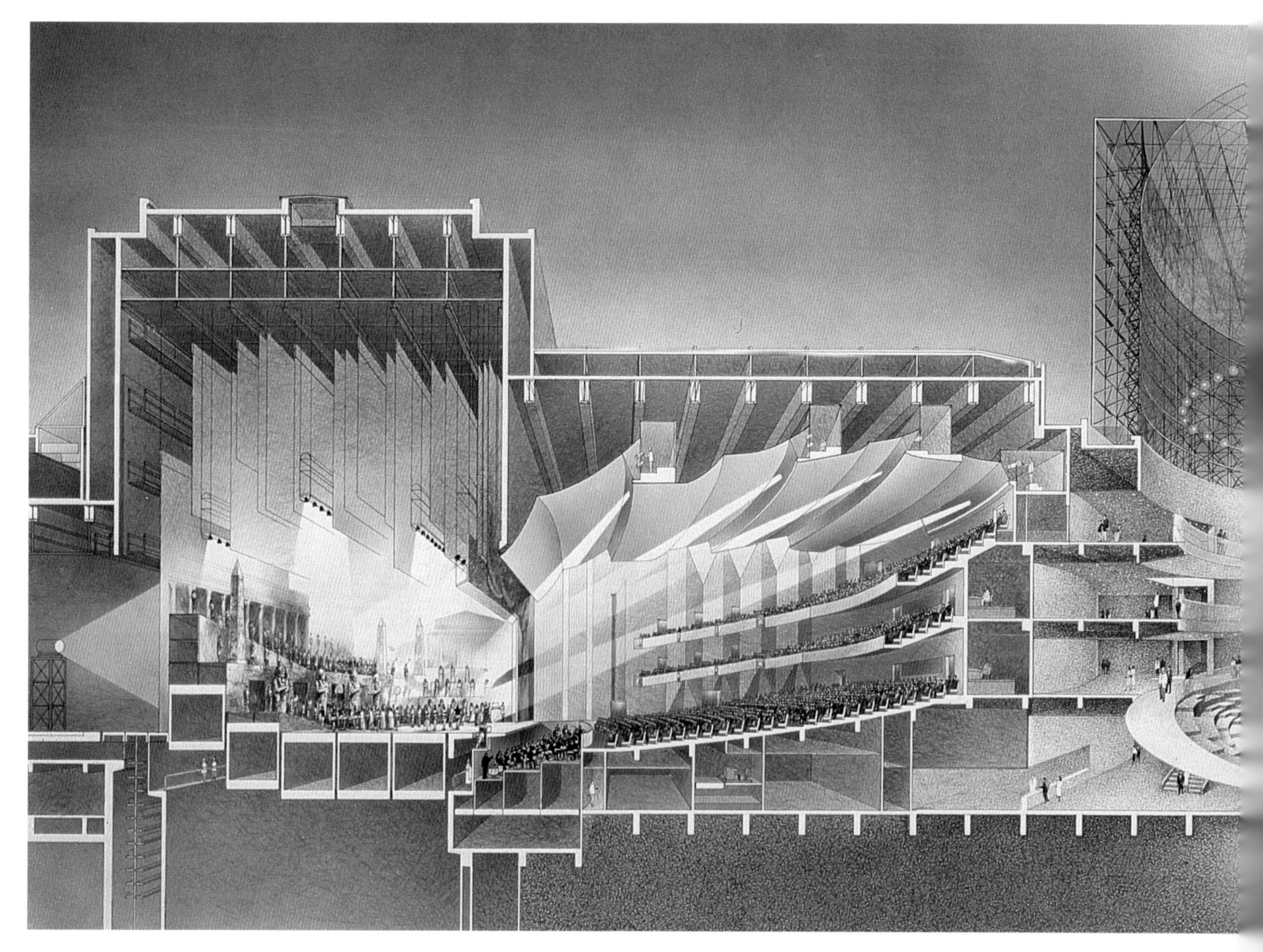

a. 第2国立劇場設計競技（入賞案）　b. 東京都渋谷区
c. 鹿島建設建築設計本部　e. 鹿島建設

a. 能舞台　b. 京都府京都市
c. イシダ建築デザイン　d. 浅田能生　e. 浅田能生

a. NOH STAGE　b. Kyoto-shi, Kyoto
c. Ishida Architectural Office Co., Ltd.　d. Yoshio Asada　e. Yoshio Asada

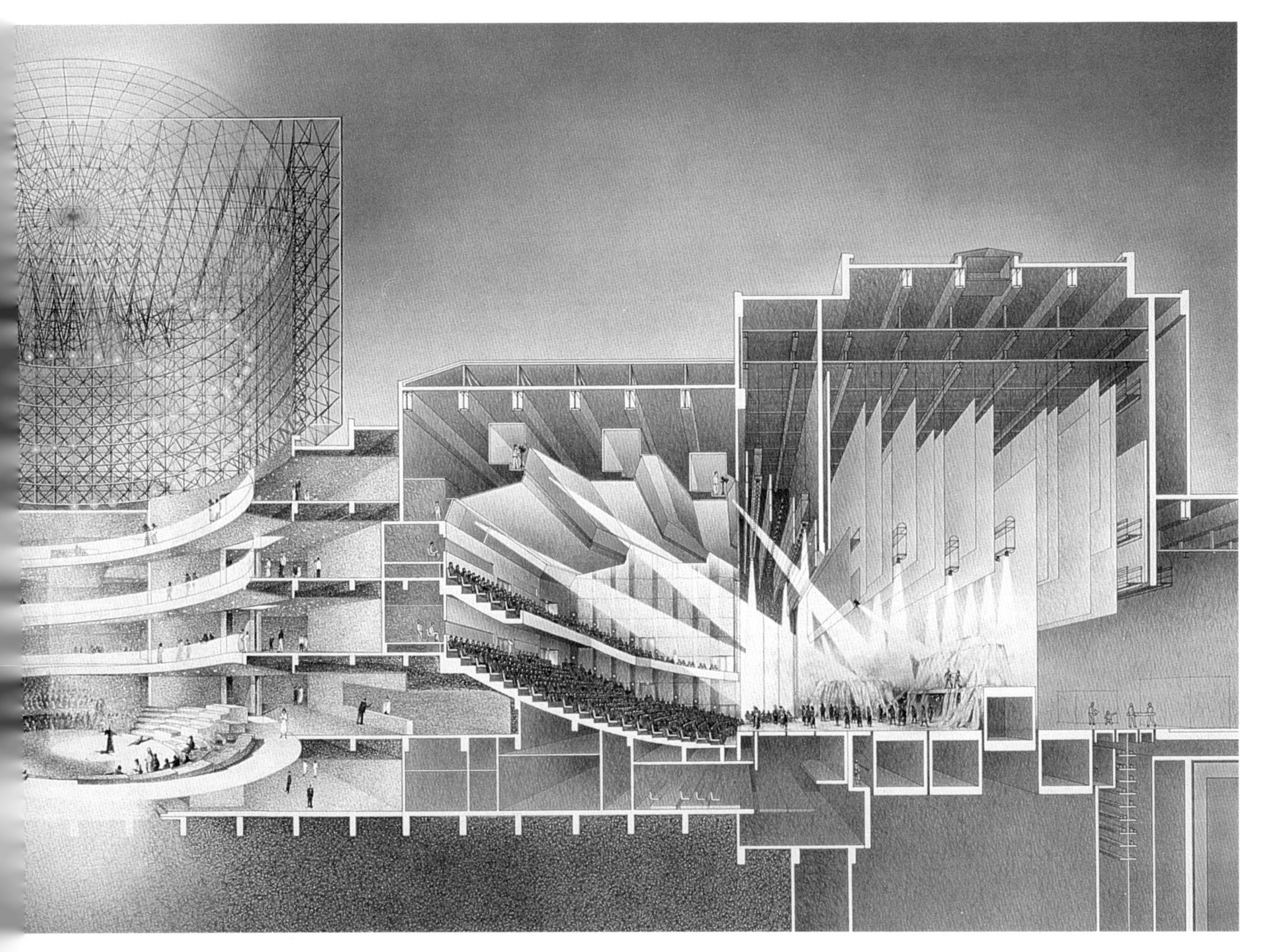

a. SECOND NATIONAL THEATER DESIGN COMPETITION (PRIZEWINNER)　b. Shibuya-ku, Tokyo
c. Kajima Corporation Architectural Design Division　e. Kajima Corporation

a. 劇場エントランスロビー計画案　c. 日建設計（大阪）
d. 福岡俊雄　e. 日建設計

a. THEATRE ENTRANCE LOBBY c. Nikken Sekkei Ltd.
d. Toshio Fukuoka e. Nikken Sekkei Ltd.

a. 劇場ロビー　b. 東京都
c. 空観舎　d. レンダリング RIYA　e. レンダリング RIYA

a. THEATER LOBBY b. Tokyo
c. Kukansha d. Rendering Riya Co., Ltd. e. Rendering Riya Co., Ltd.

a. 幕張国際区計画案 B　c. 日本設計事務所
d. 山城義彦　e. 山城デザインスタジオ

a. MAKUHARI INTERNATIONAL ZONE PLAN B　c. Nihon Architects, Engineers & Consultants, Inc.
d. Yoshihiko Yamashiro　e. Yamashiro Design Studio

a. "水のない水族館" 計画案　c. 企画＝都市設計
d. 山城義彦　e. 山城デザインスタジオ

a. NON WATER AQUARIUM PLAN　c. Toshi Sekkei Co., Ltd.
d. Yoshihiko Yamashiro　e. Yamashiro Design Studio

a. 21世紀の斎場（丸喜） b. 大阪府大阪市
c. 小島ディレクターズ d. 小椋勇記夫 e. 小椋勇記夫

a. MEMORIAL 21 (MARUKI CO., LTD.) b. Osaka-shi, Osaka
c. Kojima Directors Co., Ltd. d. Yukio Ogura e. Yukio Ogura

a. フライ・アウェイ・ジャパン
c. ザ・ポイント・スタジオ／アヅチ・プランニングスタジオ
d. 安土実
e. アヅチ・プランニングスタジオ

a. FLY AWAY JAPAN
c. The Point Studio／Azuchi Planning Studio
d. Minoru Azuchi
e. Azuchi Planning Studio

a. ディスコＪ　c. ザ・ポイントスタジオ／アヅチ・プランニングスタジオ
d. 安土実　e. アヅチ・プランニングスタジオ

a. DISCO J　c. The Point Studio／Azuchi Planning Studio
d. Minoru Azuchi　e. Azuchi Planning Studio

a. ディスコ「アースクエイク」 b. 兵庫県神戸市
c. センチメンタルシティスタジオ　d. 安土実　e. アヅチ・プランニングスタジオ

a. DISCO 'EARTHQUAKE'　b. Kobe-shi, Hyogo
c. Sentimental City Studio　d. Minoru Azuchi　e. Azuchi Planning Studio

a. ディスコ照明計画　b. 大阪府大阪市
c. 松下電工　d. 秦曻八・湯栗康文　e. 秦曻八

a. DISCO SPACE LIGHTING DESIGN　b. Osaka-shi, Osaka
c. Matsushita Denko Co., Ltd.　d. Shohachi Hata, Yasufumi Yuguri　e. Shohachi Hata

a. ホテル八木（ディスコ）　b. 福井県芦原町
c. 竹中工務店　d. 竹中工務店　右高良樹　e. 竹中工務店

a. HOTEL YAGI　b. Awara-cho, Fukui　c. Takenaka Komuten Co., Ltd.
d. Takenaka Komuten Co., Ltd., Yoshiki Migitaka　e. Takenaka Komuten CO., Ltd.

a. ディスコ　クレタ64　b. 北海道札幌市
c. エム・ディー　d. 小椋勇記夫　e. 小椋勇記夫

a. DISCOTHEQUE 'CRETE 64'　b. Sapporo-shi, Hokkaido
c. M.D. Inc.　d. Yukio Ogura　e. Yukio Ogura

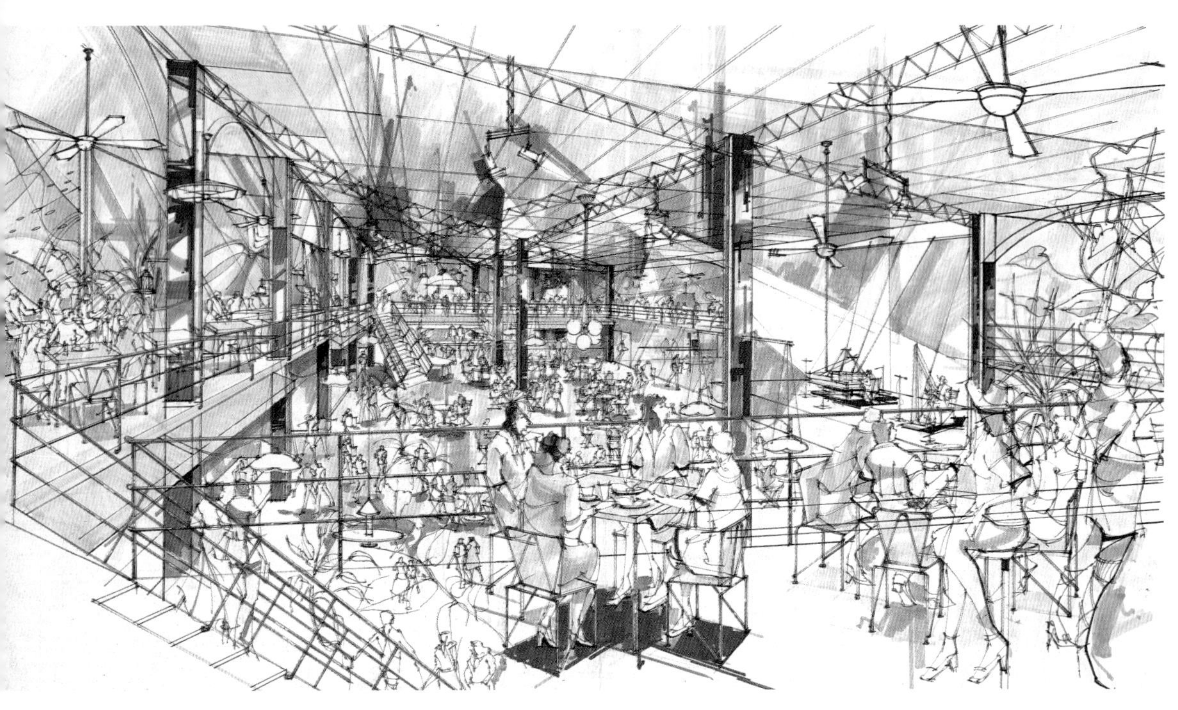

a. ライブ・ハウス AY
b. 東京都渋谷区
c. アヅチ・プランニングスタジオ
d. 安土実
e. 安土実

a. LIVE HOUSE AY
b. Shibuya-ku, Tokyo
c. Azuchi Planning Studio
d. Minoru Azuchi
e. Minoru Azuchi

a. H 計画
b. 千葉県柏市
c. 清水建設設計本部
d. オズ・アトリエ
e. オズ・アトリエ

a. H PROJECT
b. Kashiwa-shi, Chiba
c. Shimizu Construction Co., Ltd.
d. Oz Atorie
e. Oz Atorie

a. ディスコティック・シャンハイズ
“アビーム”
b. 愛知県名古屋市
c. エム・ディー
d. 小椋勇記夫
e. 小椋勇記夫

a. DISCOTHEQUE SHANGHAÏSE ABIME
b. Nagoya-shi, Aichi
c. M.D. Inc.
d. Yukio Ogura
e. Yukio Ogura

a. なにわ健康ランド“湯ートピア”
b. 大阪府
c. 河野建築設計事務所
d. 坂井田優実
e. 坂井田優実

a. NANIWA KENKO LAND 'UTOPIA'
b. Osaka
c. Kono Architectural Design Office
d. Yumi Sakaida
e. Yumi Sakaida

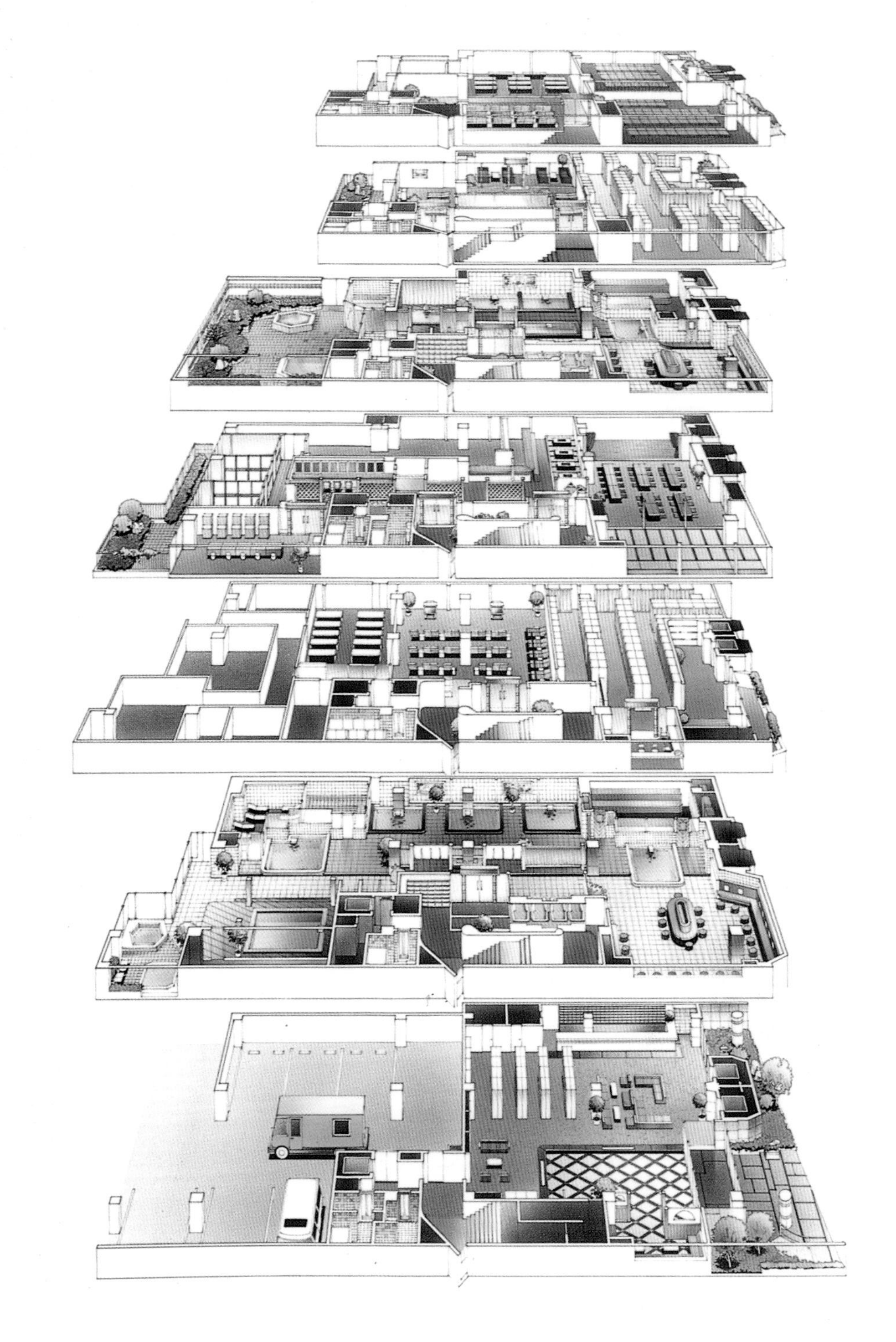

a. バスルーム
d. 堀口憲嗣
e. 堀口憲嗣

a. BATHROOM
d. Noritsugu Horiguchi
e. Noritsugu Horiguchi

a. toc ROX ビル　b. 東京都台東区
c. 大成建設設計部　d. 熊谷常男　e. 熊谷常男

a. TOC ROX BLDG. b. Taito-ku, Tokyo
c. Taisei Corporation d. Tsuneo Kumagai e. Tsuneo Kumagai

a. toc ROX ビル　b. 東京都台東区
c. 大成建設設計部　d. 熊谷常男　e. 熊谷常男

a. TOC ROX BLDG. b. Taito-ku, Tokyo
c. Taisei Corporation d. Tsuneo Kumagai e. Tsuneo Kumagai

a. B.ビル会員制プール計画案　c. アヅチ・プランニングスタジオ
d. 安土実　e. アヅチ・プランニングスタジオ

a. B. BLDG. MEMBER'S POOL PLAN　c. Azuchi Planning Studio
d. Minoru Azuchi　e. Azuchi Planning Studio

a. サーキット場
d. 安土実　e. アヅチ・プランニングスタジオ

a. CIRCUIT COURSE
d. Minoru Azuchi　e. Azuchi Planning Studio

a. 榛名リゾート計画　c. 企画＝博報堂
d. 山城義彦　e. 山城デザインスタジオ

a. HARUNA RESORT PLAN　c. Hakuhodo Inc.
d. Yoshihiko Yamashiro　e. Yamashiro Design Studio

a. テニスクラブレストラン　c. 高松伸建築設計事務所
d. 小西久雄　e. 小西久雄

a. TENNIS CLUB RESTAURANT　c. Shin Takamatsu Architectural Associates
d. Hisao Konishi　e. Hisao Konishi

a. 鹿島リゾート南蓼科ゴルフコース　クラブハウス　b. 長野県蓼科市
c. 鹿島建設建築設計本部　e. 鹿島建設

a. CLUB HOUSE FOR KAJIMA RESORT MINAMI TATESHINA GOLF COURSE　b. Tateshina-shi, Nagano
c. Kajima Corporation Architectural Design Division　e. Kajima Corporation

a. 近鉄藤井寺球場　b. 大阪府藤井寺市
c. メディアート　d. 堀口憲嗣　e. 堀口憲嗣

a. KINTETSU STADIUM　b. Fujiidera-shi, Osaka
c. Mediart Co., Ltd.　d. Noritsugu Horiguchi　e. Noritsugu Horiguchi

4.住宅　事務所
公共施設　その他

住宅展示場

トレーニングルーム

銀行

コミュニケーションセンター

総合文化センター

専門学校

etc.

4.RESIDENCES OFFICES
PUBLIC FACILITIES

Housing Exhibitions

Training Centers

Banks

Social Centers

Museums

Vocational School

etc.

a. 中野坂上展示場　b. 東京都中野区
c. ミヤマ　d. 山城義彦　e. 山城デザインスタジオ

a. EXHIBITION IN NAKANOSAKAUE　b. Nakano-ku, Tokyo
c. Miyama Co., Ltd.　d. Yoshihiko Yamashiro　e. Yamashiro Design Studio

a. パナハイツ　サンシティ　c. ナショナル住宅産業
d. 津田勉　e. 津田勉

a. PANA HEIGHT SUNCITY　c. National House Industrial Co., Ltd.
d. Tsutomu Tsuda　e. Tsutomu Tsuda

a. リビア　アパート　リビングルーム　b. リビア　トリポリ
c. SEOUL 建築　d. 金貴植　e. MODERN 透視図

a. LIBYA APART LIVING ROOM　b. Trpoli, Libya
c. Sac International, Ltd.　d. Gui Sik, Kim　e. Modern Toshi-zu

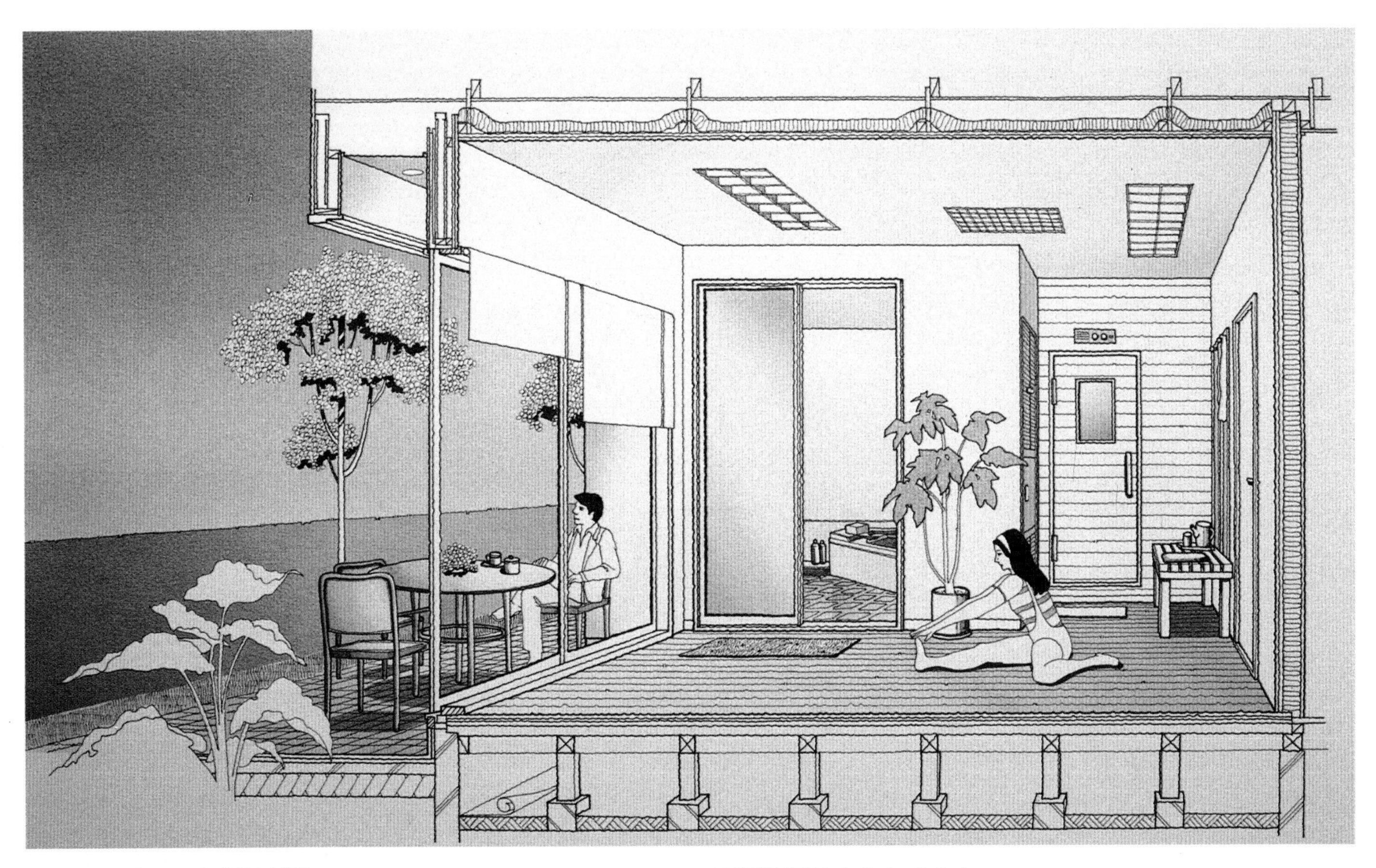

a. トレーニングルーム　b. 大阪府大阪市
c. 岩本貞幸建築・都市研究所　d. 吉見由里　e. 吉見由里

a. TRAINING ROOM　b. Osaka-shi, Osaka
c. Sadayuki Iwamoto Kenchiku Toshi Kenkyusho Co., Ltd.　d. Yuri Yoshimi　e. Yuri Yoshimi

a. S社インテリジェントビル　b. 東京都江東区
c. 鹿島建設建築設計本部　e. 鹿島建設

a. INTELLIGENT BUILDING, S CO., LTD.　b. Koto-ku, Tokyo
c. Kajima Corporation Architectural Design Division　e. Kajima Corporation

a. 南甫園ビル計画A　c. 大成建設
d. 山城義彦　e. 山城デザインスタジオ

a. NANPOEN BLDG. PLAN A　c. Taisei Corporation
d. Yoshihiko Yamashiro　e. Yamashiro Design Studio

a. 南甫園ビル計画B　c. 大成建設
d. 山城義彦　e. 山城デザインスタジオ

a. NANPOEN BLDG. PLAN B　c. Taisei Corporation
d. Yoshihiko Yamashiro　e. Yamashiro Design Studio

a. 番町インテリジェントビル計画 A
c. パンデコン　d. 山城義彦　e. 山城デザインスタジオ

a. BANTYO INTELLIGENT BLDG. PLAN A　c. Pandecon Architects & Associates
d. Yoshihiko Yamashiro　e. Yamashiro Design Studio

a. 東京ガスビルディング　b. 東京都港区　c. 三菱地所一級建築士事務所
d. 三菱地所第三建築部(アール・エム南几代美)　e. 三菱地所

a. TOKYO GAS BLDG.　b. Minato-ku, Tokyo　c. Mitsubishi Estate Co., Ltd.
d. The Third Architectural and Engineering Dept.　e. Mitsubishi Estate Co., Ltd.

a. 丸紅大阪本社ビルホール　b. 大阪府大阪市
c. 三菱地所一級建築士事務所　d. メックデザインインターナショナル　e. 三菱地所

a. MARUBENI CORPORATION OSAKA OFFICE　b. Osaka-shi, Osaka
c. Mitsubishi Estate Co., Ltd.　d. MEC Design International Co., Ltd.　e. Mitsubishi Estate Co., Ltd.

a. 丸紅大阪本社ビルロビー　b. 大阪府大阪市
c. 三菱地所一級建築士事務所　d. メックデザインインターナショナル　e. 三菱地所

a. MARUBENI CORPORATION OSAKA OFFICE　b. Osaka-shi, Osaka　c. Mitsubishi Estate Co., Ltd.
d. MEC Design International Co., Ltd.　e. Mitsubishi Estate Co., Ltd.

a. 第一銀行本店　b. SEOUL 鍾路区（韓國）
c. TOTAL DESIGN　d. 安恒悳　e. 安建社

a. THE KOREA FIRST BANK ATRIUM　b. Seoul Jong Ro-gu, Korea
c. Total Design　d. Hang Duk, An　e. Ankunsa

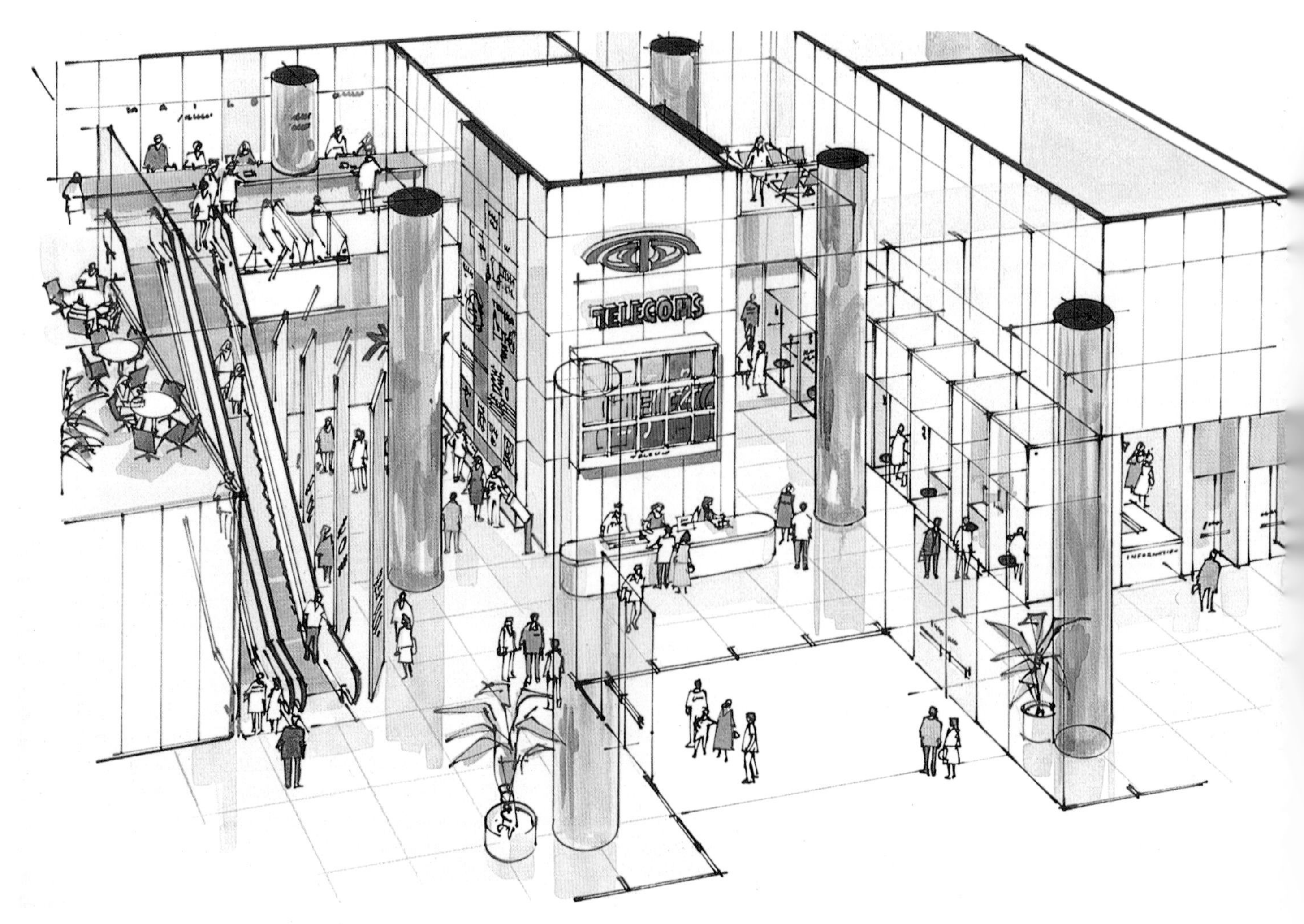

a. シティ・テレコミュニケーションセンター　b. シンガポール
c. 乃村工藝社　d. コスピオ　打越長武　e. 乃村工藝社クリエイティブセンター

a. CITY TELECOMMUNICATION CENTER　b. Singapore　c. Nomura Display Co., Ltd.
d. Kospeo　Osamu Uchikoshi　e. Nomura Display Co., Ltd. Creative Center

a. 厚生施設ラウンジ計画案　b. 愛知県
c. 大成建設　d. 古橋孝之　e. 矢内店舗設計事務所

a. WELFARE INSTITUTION LOUNGE PLAN　b. Aichi
c. Taisei Corporation　d. Takayuki Furuhashi　e. Yanai Tempo Sekkei Office

a. Tビル（パブリック・スペース）　b. 東京都新宿区
c. アヅチ・プランニングスタジオ　d. 安土実　e. 安土実

a. T BLDG. (THE PUBLIC SPACE)　b. Shinjuku-ku, Tokyo
c. Azuchi Planning Studio　d. Minoru Azuchi　e. Minoru Azuchi

a. 松江市総合文化センター　プラバホール　b. 島根県松江市
c. 日建設計（大阪）　d. 當山悦司　e. 日建設計（大阪）

a. MATSUE CITY CULTURE CENTER PLOVER HALL　b. Matsue-shi, Shimane
c. Nikken Sekkei Ltd.　d. Etsuji Toyama　e. Nikken Sekkei Ltd.

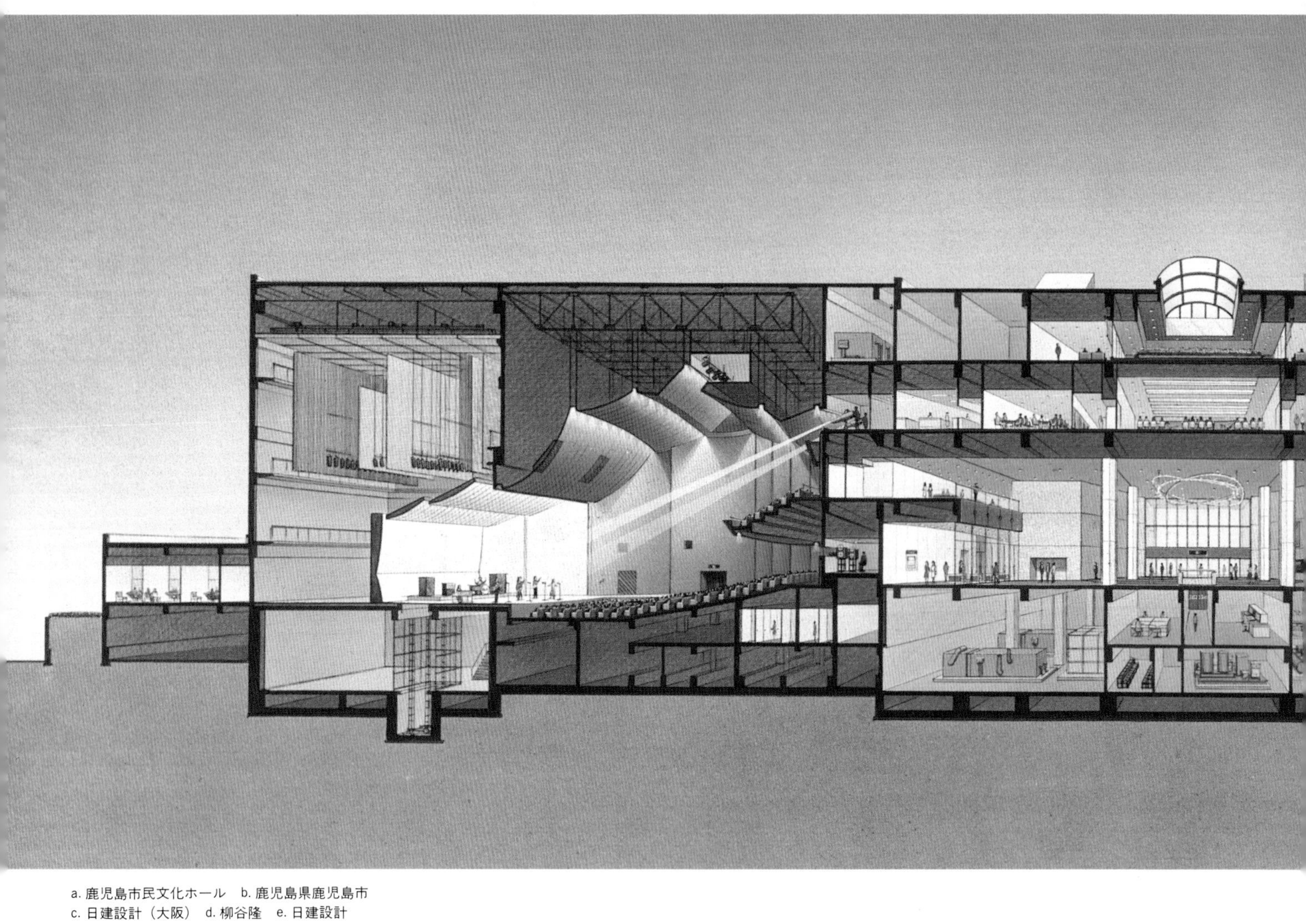

a. 鹿児島市民文化ホール　b. 鹿児島県鹿児島市
c. 日建設計（大阪）　d. 柳谷隆　e. 日建設計

a. 光ケ丘パークタウン中心施設　b. 東京都練馬区
c. ＩＮＡ新建築研究所　d. 丸木みる　e. 丸木みる

a. HIKARIGAOKA PARK TOWN　b. Nerima-ku, Tokyo
c. Institute of New Architecture Co., Ltd.　d. Miru Maruki　e. Miru Maruki

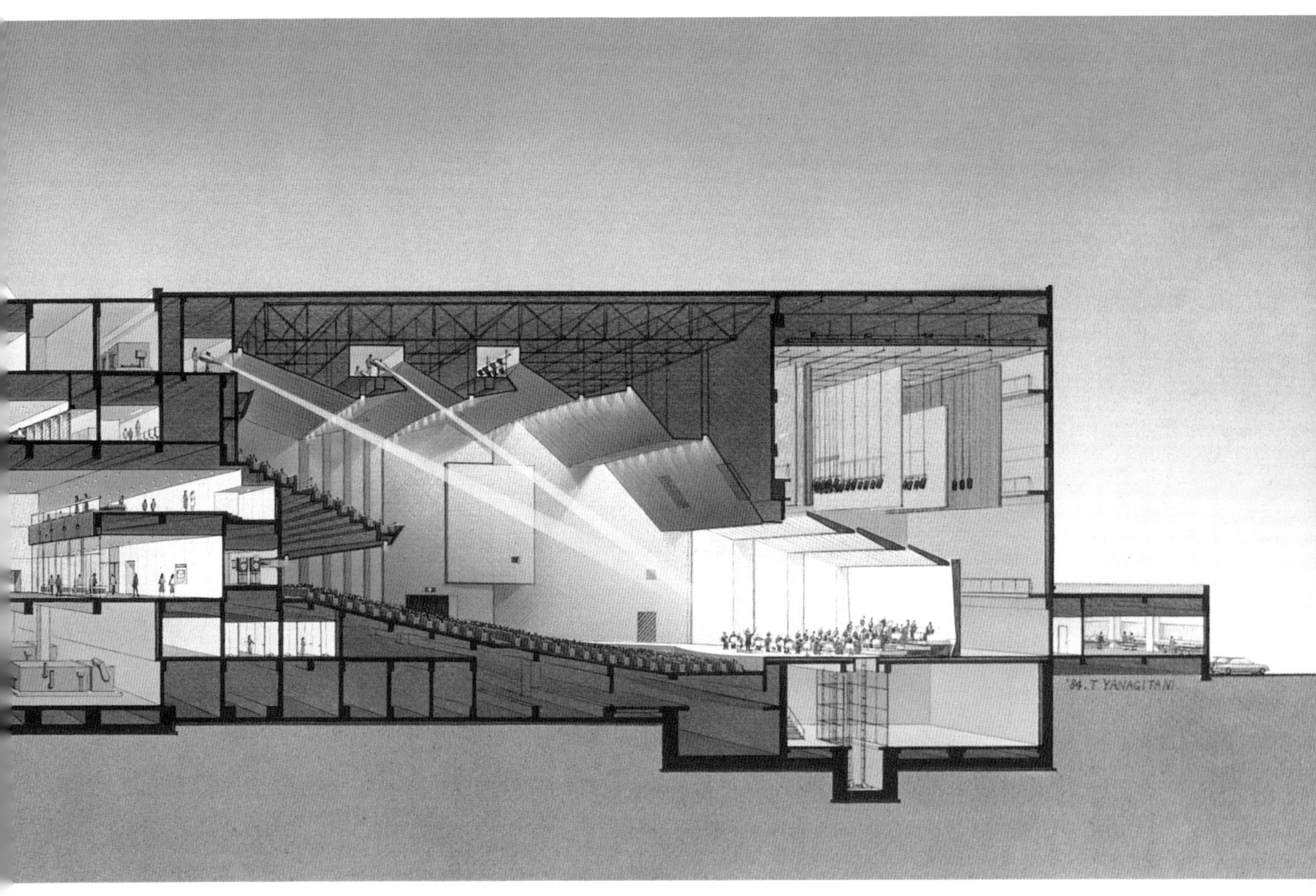

a. KAGOSHIMA SHIMIN BUNKA HALL　b. Kagoshima-shi, Kagoshima
c. Nikken Sekkei Ltd.　d. Takashi Yanagitani　e. Nikken Sekkei Ltd.

a. 首都名園　b. 台北（台湾）
d. 林文隆　e. 林文隆

a. CAPITAL GARDEN　b. Taipei, Taiwan
d. Lin Wen Lung　e. Lin Wen Lung

a. S計画　b. シンガポール
c. 日本設計事務所　d. オズ・アトリエ　e. オズ・アトリエ

a. S PROJECT　b. Singapore
c. Nihon Architects, Engineers & Consultants Inc.　d. Oz Atorie　e. Oz Atorie

a. 長岡市市民体育館（仮称）
b. 新潟県長岡市
c. 長島考一＋ＡＵＲコンサルタント
d. 西森千代子
e. 西森千代子

a. NAGAOKA GYMNASIUM
b. Nagaoka-shi, Niigata
c. Koichi Nagashima＋AUR Consultants
d. Chiyoko Nishimori
e. Chiyoko Nishimori

a. 長岡市市民体育館（仮称）
b. 新潟県長岡市
c. 長島考一＋ＡＵＲコンサルタント
d. 西森千代子
e. 西森千代子

a. NAGAOKA GYMNASIUM
b. Nagaoka-shi, Niigata
c. Koichi Nagashima＋AUR Consultants
d. Chiyoko Nishimori
e. Chiyoko Nishimori

a. マスターズＲ Ｉ スタジオ　b. 東京都港区
c. マスターズ建築企画　d. 水戸岡鋭治＋ドーンデザイン研究所　e. 水戸岡鋭治

a. MASTER'S R I STUDIO　b. Minato-ku, Tokyo
c. Master's Planning Co., Ltd.　d. Eiji Mitooka＋Don Design Associates.　e. Eiji Mitooka

a. ひろしま美術館　b. 広島県広島市
c. 日建設計（大阪）　d. 芳谷勝瀰　e. 日建設計

a. HIROSHIMA BIJUTSUKAN　b. Hiroshima-shi, Hiroshima
c. Nikken Sekkei Ltd.　d. Katsumi Yoshitani　e. Nikken Sekkei Ltd.

a. 大原簿記専門学校　b. 大阪府大阪市
c. 村本建設　d. 吉見由里　e. 吉見由里

a. OHARA BOKI SCHOOL　b. Osaka-shi, Osaka
c. Muramoto Kensetsu Co., Ltd.　d. Yuri Yoshimi　e. Yuri Yoshimi

a. コンピューターショウ　テーマ館　b. 台北（台湾）
c. 王健造形設計公司　d. 王健　e. 王健

a. COMPUTER EXHIBITION SHOW　b. Taipei, Taiwan
c. King's Development Inc.　d. Wang King　e. Wang King

a. 國立科學舘
b. 忠南大德（韓國）
c. 空間研究所
d. 安容植
e. 安建社

a. NATIONAL SCIENCE MUSEUM
b. Chung Nam, Dai Deok, Korea
c. Space Group of Korea
d. Yong Sik, An
e. Ankunsa

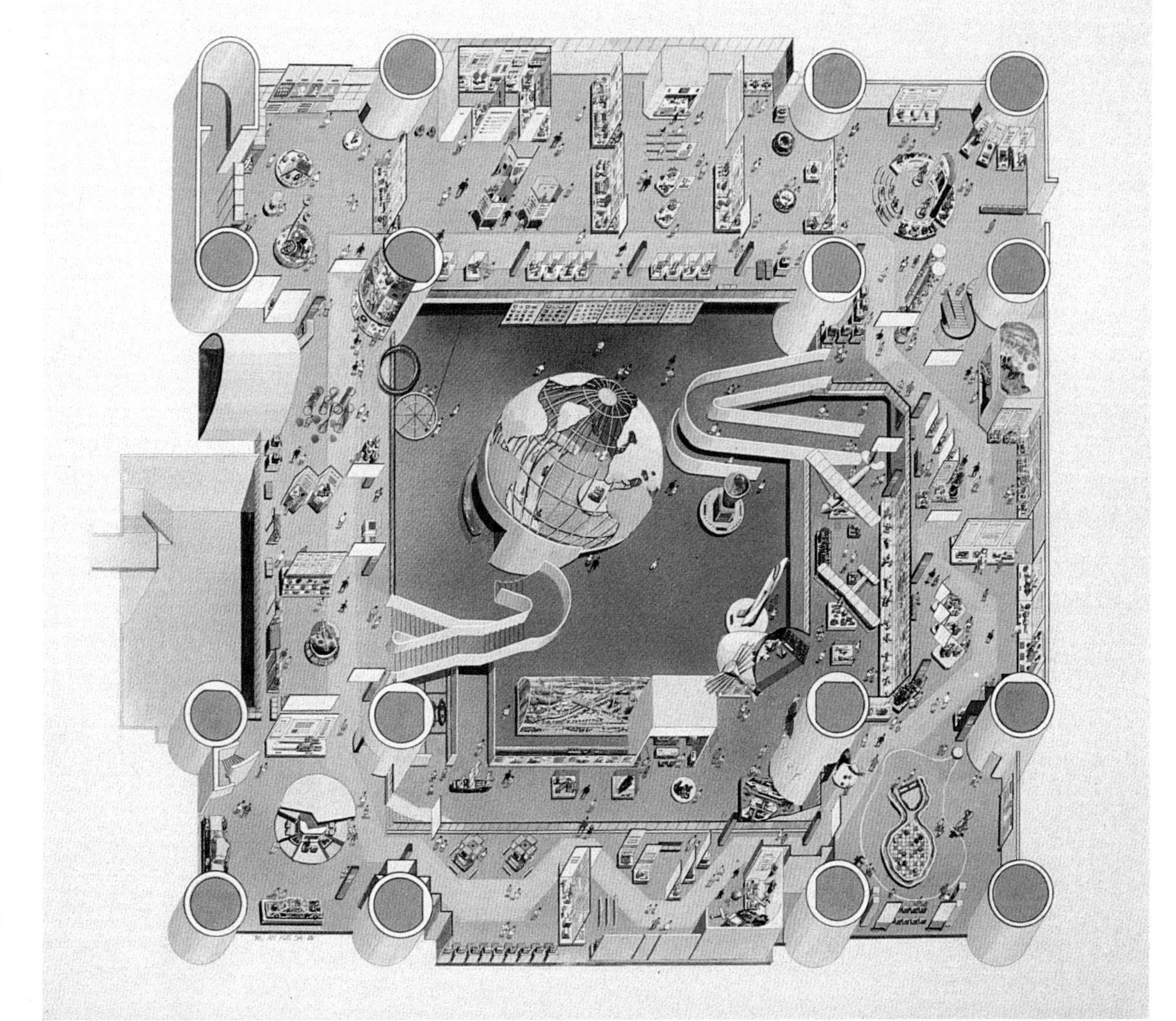

a. 國立科學舘
b. 忠南大德（韓國）
c. 空間研究所
d. 安容植
e. 安建社

a. NATIONAL SCIENCE MUSEUM
b. Chung Nam, Dai Deok, Korea
c. Space Group of Korea
d. Yong Sik, An
e. Ankunsa

a. インテックス大阪テクノ館　b. 大阪府大阪市
c. ゼニア　d. 桑野忠　e. 桑野忠

a. INTEX OSAKA TECHNOKAN　b. Osaka-shi, Osaka
c. Zeniya Co., Ltd.　d. Tadashi Kuwano　e. Tadashi Kuwano

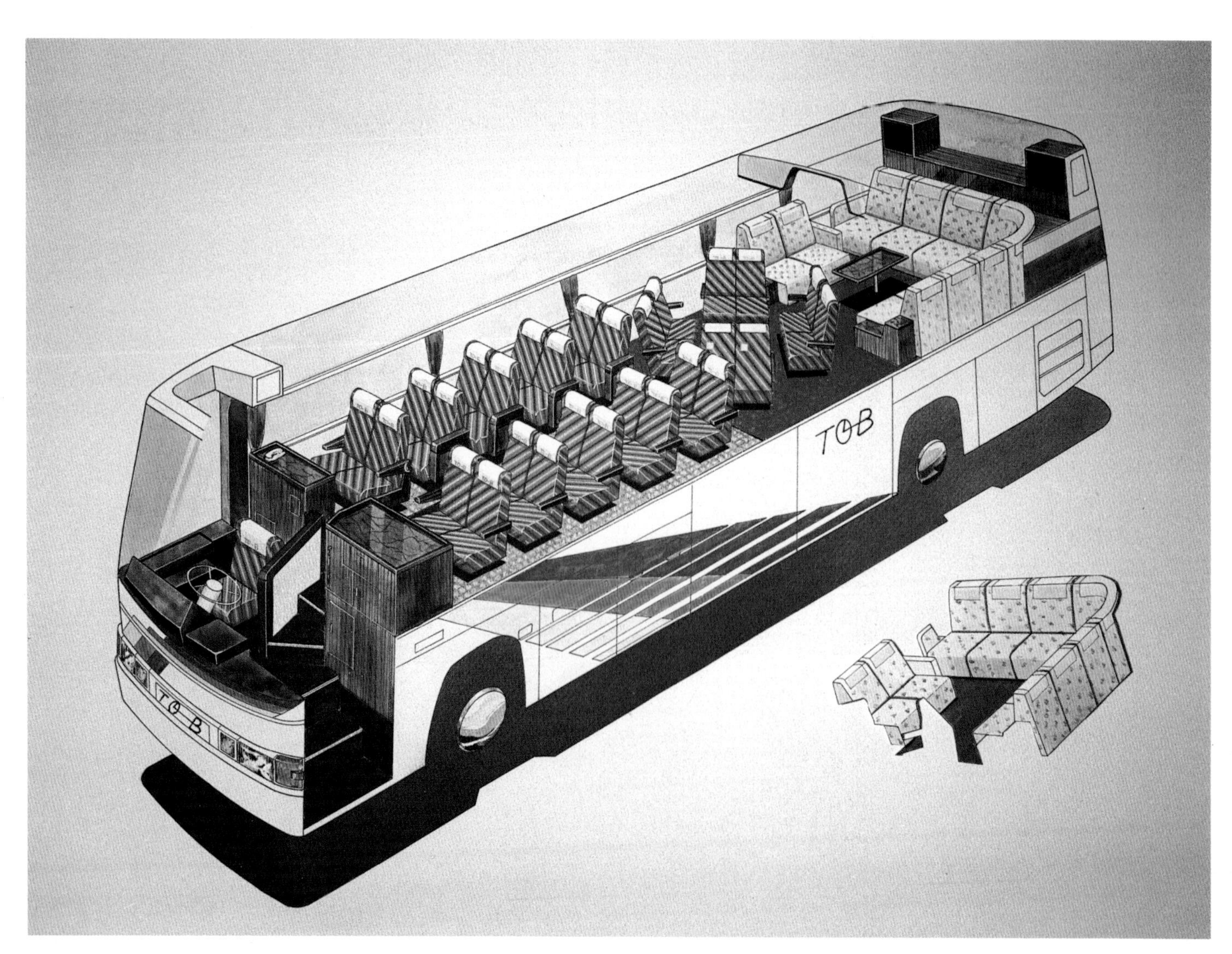

a. バス　インテリア計画　c. パル
d. 吉見由里　e. コラムデザインセンター

a. INTERIOR FOR BUS　c. PAL Co., Ltd.
d. Yuri Yoshimi　e. Koramu Design Center

5.CG パースの実例

コンピュータ ADDED レンダリング
アングルシミュレーション
コンピュータパース

山城デザインスタジオ３Ｄシステム開発部

CG パース・ギャラリー

大成建設設計本部

5.A SAMPLE CG PERSPECTIVE

Computer ADDED Rendering
Angle Simulation
Computer Perspectives

Yamashiro design studio
3 dimention system Developers

CG Perspectives Gallery

Taisei Corporation Planning Division

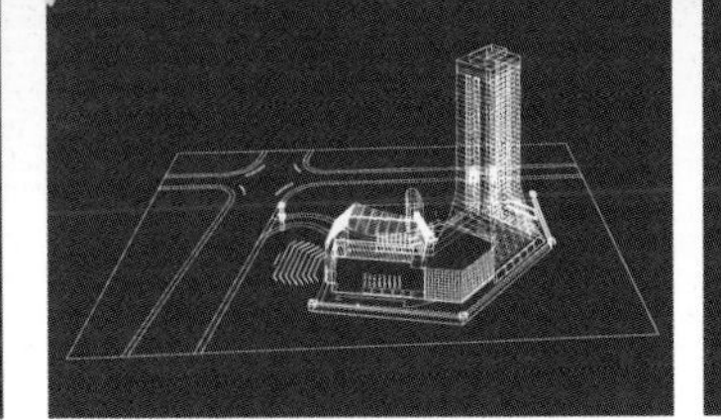

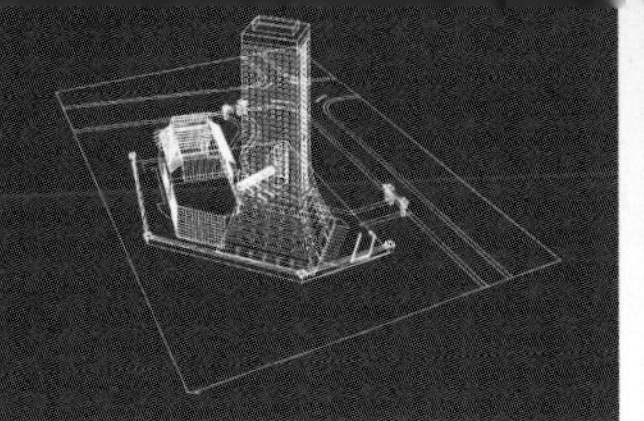

今日、パースの需要は建築やインテリアのみならず、あらゆる分野に広がっており、その表現方法についても多彩な要求がなされている。それだけ、パースに対する認識が高くなってきていると言えよう。それに加え最近、建築のプレゼンテーションは、CG の登場により変わりつつある。CG が手描きのパースや模型同様、プレゼンテーションには欠かすことのできない道具となってきているのだ。

山城デザインスタジオでは 5 年程前からパース業務にパソコンを利用しており、現在、自社開発のパースソフト (ARCHIGRAPH- 3 D) を使い、制作件数の約90%をこれで処理している。また、近ごろ増えてきた CG パースの需要に対応するため、パソコンにフレームバッファを備えた CG システム (IMAGE MAKER) を導入し、CG パースの研究に取り組んでいる。

CG パースは、制作者の個性が色濃く出る手描きのパースにくらべ、より客観的な表現となる。それでは、実際に CG システムを使って、我々レンダラーにどのような事ができるのか、実務での使用例や研究例を取り上げ、いくつか紹介して行こう。

我々のよく使うパースへの CG の利用の仕方には次の 4 通りがある。

1 . 下図作成の補助

通常のパース作成工程のなかでは、パースの下図を描く前にスケッチを描いてクライアントと打ち合わせをする。このスケッチの代わりに、我々はコンピュータ・ドローイングを利用している。この場合のデータ入力は建物のボリュームがつかめる程度でよく、細部までデータを入れる必要がない。コンピュータを使うことによって、逆に時間がかかりすぎてしまっては意味がないからだ。

コンピュータをパース作成に利用することのメリットは、複雑な形状の建物でも正確に描けることと、パース作成時間の短縮が可能なこと、そして作業の分業化ができるということにある。

COMPUTER GRAPHIC PERSPECTIVES

Today the perspective is in demand outside architectural and interior design, in an ever-increasing array of visual applications.

Understanding of the perspective is deeper than in the past. Morever, with the recent introduction of computer graphics (CG), architectural presentation is undergoing change. Whether for a hand executed perspective or a model, CG has become a vital tool in presentation.

At Yamashiro Design Studio the perspective rendering section has been utilizing computer graphics for the past five years, and has developed its own software (ARCHIGRAPH 3D), which is used in the handling of ninety percent of all structural perspectives. In response to the recent growing demand for CG perspectives a Frame Buffer CG system (IMAGE MAKER) has been added to further enhance perspective research.

Compared with a perspective drawn by hand, where individual style will be obvious, CG assisted work is conversely objective. To clarify the practical applications of CG systems in perspective rendering and presentation, we will now introduce from our studio some examples of commercial and theoretical planning done with CG.

The CG methods most frequently applied in our office are described under the following four headings.

1) Sketch Production Assistance

Normally, before going ahead with a full perspective drawing, a preliminary sketch is presented to the client. In place of this sketch we use computer drawings. It is not necessary at this stage to enter the exact volume of the structure, or precise details. When using a computer here the advantage is lost if too much time is taken.

The virtue of using a computer for drawing is to be found in the accuracy with which different angles can be represented, the capability of reducing the time spent developing each perspective, and the divisibility of tasks.

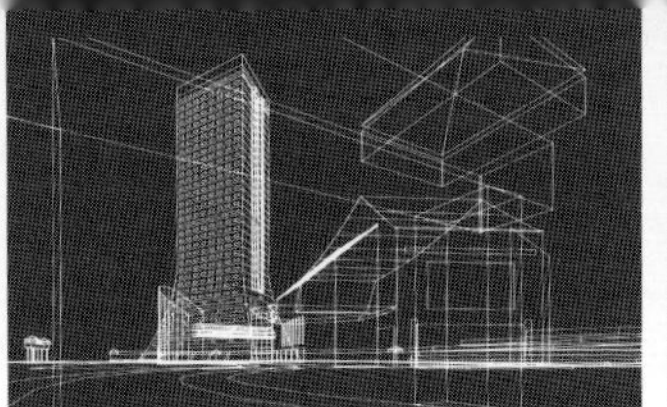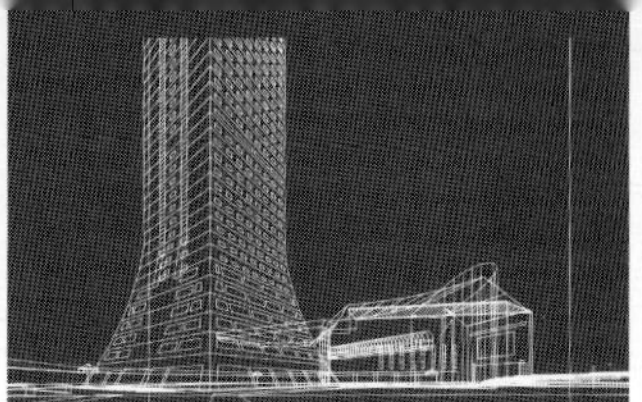

2.アングル・シミュレーション

建物をいろいろな角度から見たパースが何枚か必要なとき、コンピュータは有力な武器となる。データ入力が完了すれば、視点の位置変更は簡単にできるからだ。出力にはワイヤー・フレームモデル（線画）ならばプロッタを使い、それ以外であればデータ・ディスクから直接フィルムにおとすのが望ましい。

3.カラー・シミュレーション

コンピュータを用いると、建物やインテリアのカラー・スキームを比較的簡単に行うことができる。グラフィック・ディスプレイ上に表示された色は容易に変えられるからだ。

使用可能な色の種類はハードに依存することになるが､最近のハードでは約1,700万色が使用可能となってきている。こうした機能は、デザインを検討する際に極めて有効である。

4.CG＋ドローイング

コンピュータで3次元処理されCRT上に表示された絵に、2次元のペイント・ソフトを用いて建物の影や樹木、人や車といった点景を描き加え、よりリアルな雰囲気を表現することができる。点景は、ディスプレイを見ながらタブレットを使って入力する方法と、写真入力する方法の2通りがある。

こうしたCG表現では,描き手の個性がプラスされ、いろいろな表現スタイルをつくることができよう。

CGパースは、現在、ゼネ・コンや大手設計事務所を中心に普及しつつあり、今後とも建築プレゼンテーションのなかで､CGパースの役割は大きくなって行くものと思われる。そのとき、我々レンダラーにもそれなりの対応が必要となってくるであろう。

今回は、1と2にARCHIGRAPH-3Dを使用し、2と3、4にIMAGE MAKERを使った。

2) Angle Simulation

At times when various views of a structure are necessary the computer becomes a valuable tool. If data is complete, the viewpoint can be altered easily. When outputting a wire frame model the plotter can be used. For other outputs, it is better to enter new data and print directly.

3) Color Simulation

With a computer it is relatively easy to create color schemes for structures and interiors, because color which is added onto the graphic display can be altered freely.

There have long been various kinds of color producing hardware, but recently developed equipment can put out as many as seventeen million colors. Capability of this kind becomes extremely helpful when the final design comes to be considered.

4) CG＋Drawing

With an image being displayed three-dimensionally on a CRT, two-dimensional painting software can be utilized to fill in shadowing and create trees, cars and people, producing a very realistic effect. Visual points can either be entered into the tablet while watching the screen, or the direct printing method can be used.

In these CGs the images of structures can be stylized according to the tastes of the individual.

The usage of CG in perspectives in general construction and by large-scale planning offices is becoming increasingly widespread.

Undoubtedly in the future a majority of architectural presentations will be using CG as well. As renderers it is vital that we be prepared for this.

For this occasion, examples 1 and 2 were executed with ARCHI-GRAPH 3D, while 3, 4, and 5 were created with IMAGE MAKER.

COMPUTER ADDED RENDERING 1

CGをパース制作業務の中で下図制作の補助手段として使用する例。

「南南園ビル計画案」
1986年12月
協力：大成建設

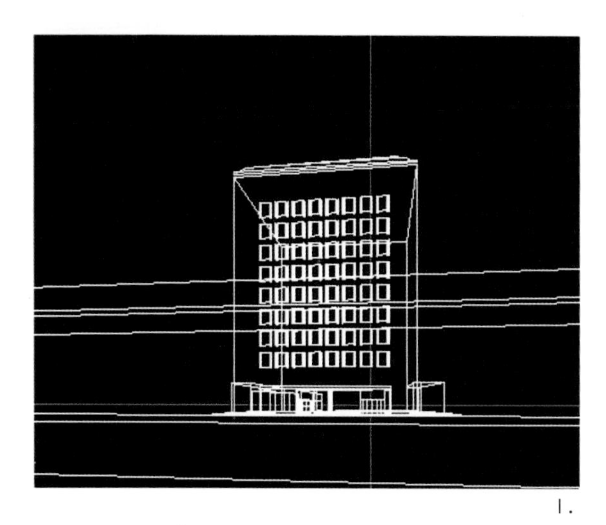

1.

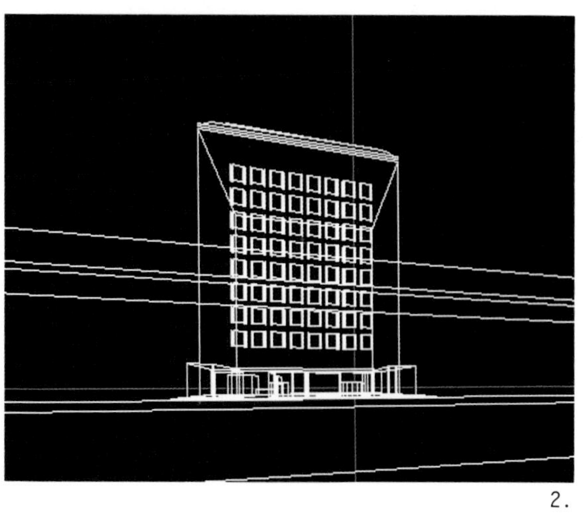

2.

1.2.ディスプレイ上でアングルを変え、ベストアングルを決定する。

1.2.Altering the angle and deciding the best angle.

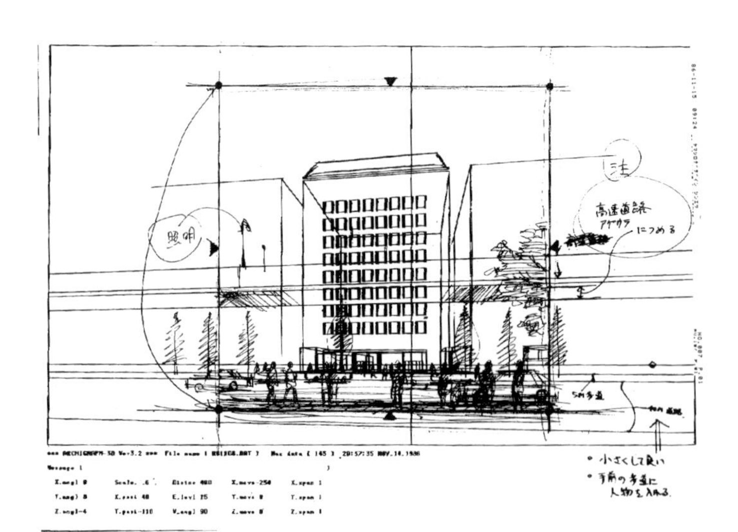

5.

5.プロッタ出力例にラフスケッチをし、イメージを固める。(上の図は、設計者がスケッチをし、FAX.で送り返したもの)

5.Based on the plotter simulation, making a sketch and clarifying the image.

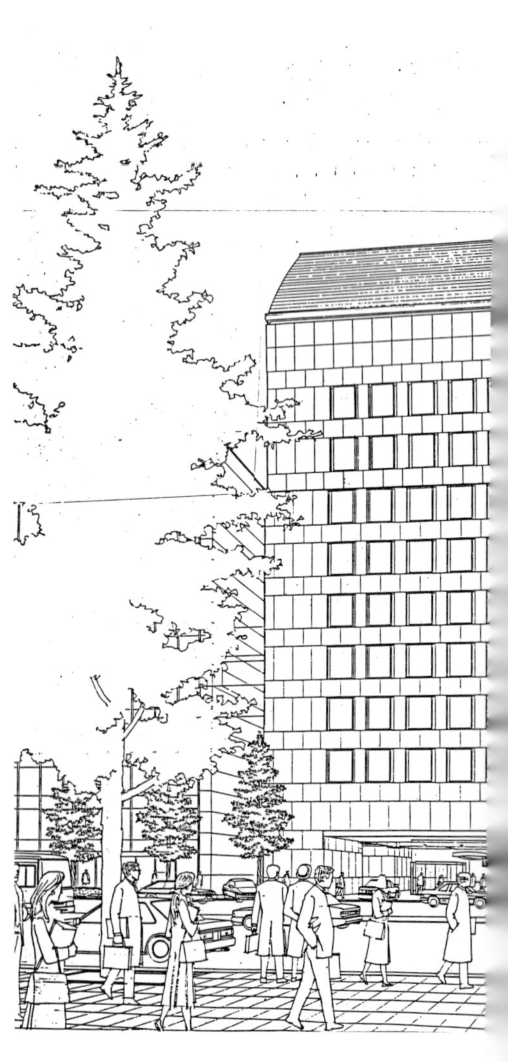

6.ラフスケッチに従い、下図を描く。

6.Based on the rough sketch, the following is drawn up.

NANPOEN BLDG. PLAN
December, 1986
Cooperation : Taisei Corporation

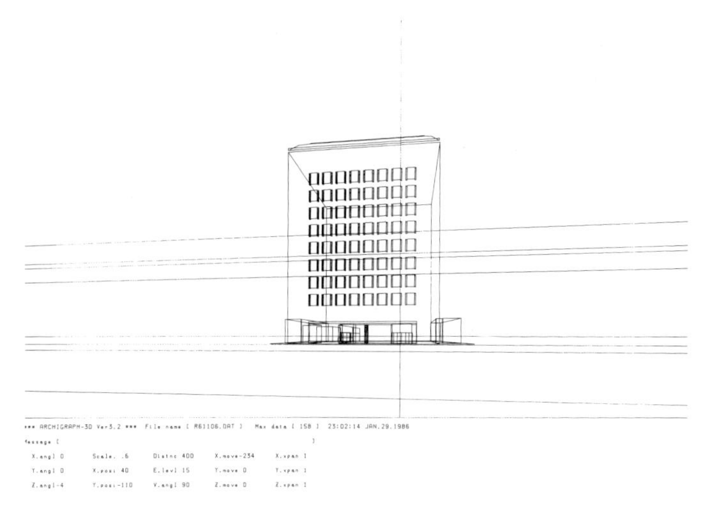

3.

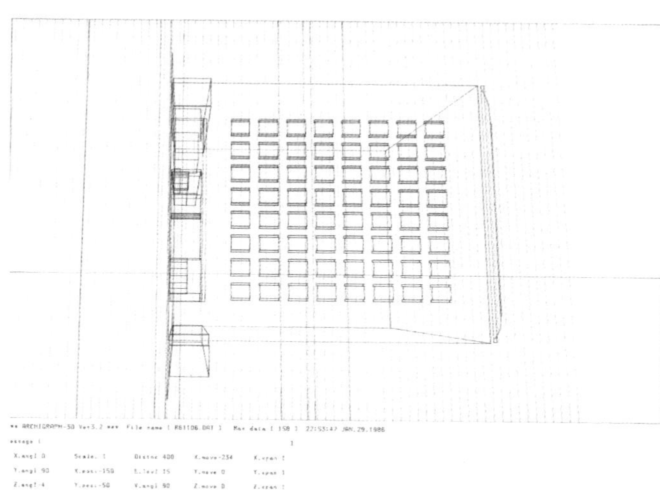

4.

3.4.決定したアングルを、プロッタに出力する。

3.4.Outputting the selected angle on the plotter.

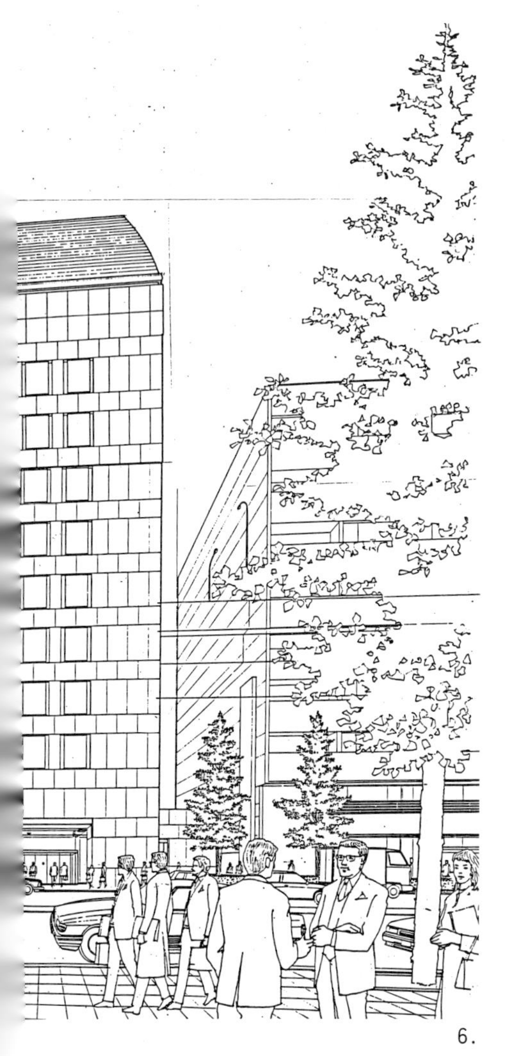

6.

7.

7.完成パース

7.A completed perspective.

COMPUTER ADDED RENDERING 2

複雑な形状の建物のアングル決定にCGを使用した例。

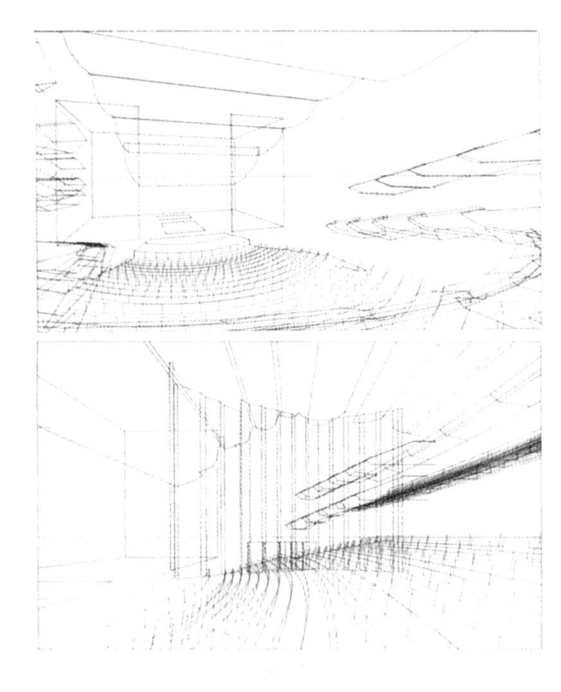

1.

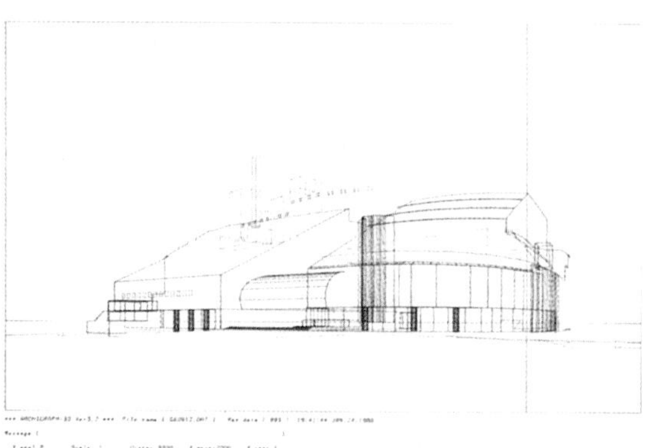

2.

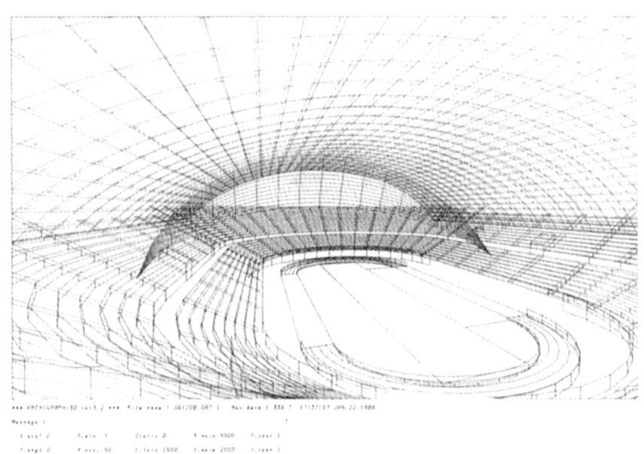

3.

CG Used to determine the angle on
a complicated structure.

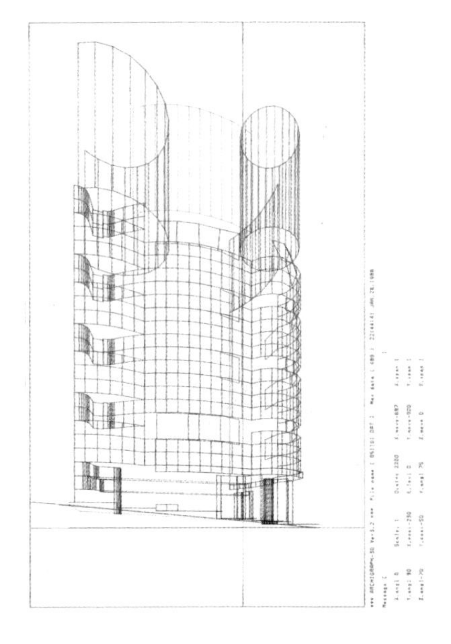

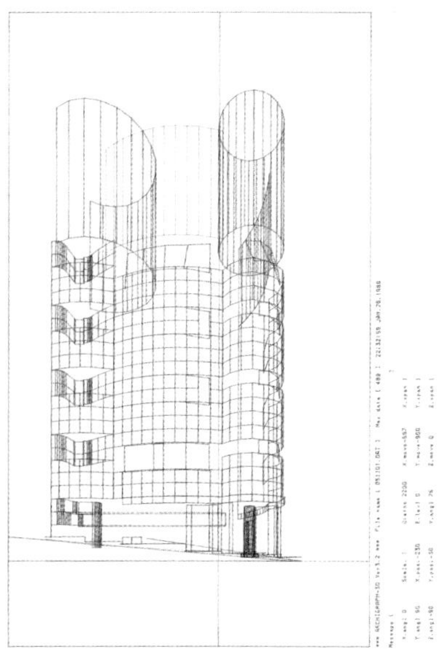

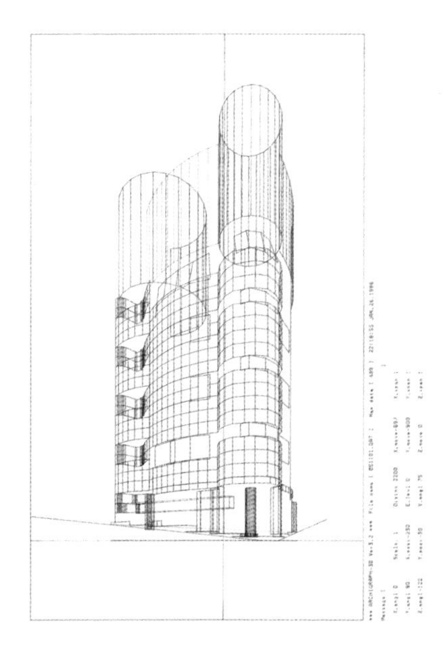

4.

1.㈱日本設計事務所
「香川県民ホール」

2.㈱石本建築事務所
㈱ MIDI 綜合設計研究所
㈱東急設計コンサルタント
「東急劇場」

3.㈱中山克己建築設計事務所
「S スポーツ施設計画案」

4.㈱石原トータルプランニング
「コリンズ六本木」

1.NIPPON SEKKEI OFFICE
'KANAGAWA-KEN PUBLIC HALL'

2.ISHIMOTO ARCHITECTURAL & ENGINEERING FIRM, INC.
MIDI SOGO SEKKEI KENKYUJYO
TOKYU ARCHITECTURAL ENGINEERS INC.
'TOKYU THEATER'

3.NAKAYAMA KATSUMI ARCHITECTURAL PLANNING OFFICE
'S SPORTS FACILITY PLAN'

4.ISHIHATA TOTAL PLANNING INC.
'COLLINS ROPPONGI'

ANGLE SIMULATION

1. 日本設計
「中国京廣センター計画」
2. 日本設計
「日本印相協会総本山計画」
3. 中山克己建築設計事務所
「Sスポーツ施設計画案」

a. NIHON ARCHITECTS, ENGINEERS & CONSULTANTS, INC.
'JING GUANG CENTRE PROJECT'
b. NIHON ARCHITECTS, ENGINEERS & CONSULTANTS, INC.
'NIHON INSOKYOKAI PLAN'
c. NAKAYAMA KATSUMI ARCHITECTURAL PLANNING OFFICE
'S SPORTS FACILITY PLAN'

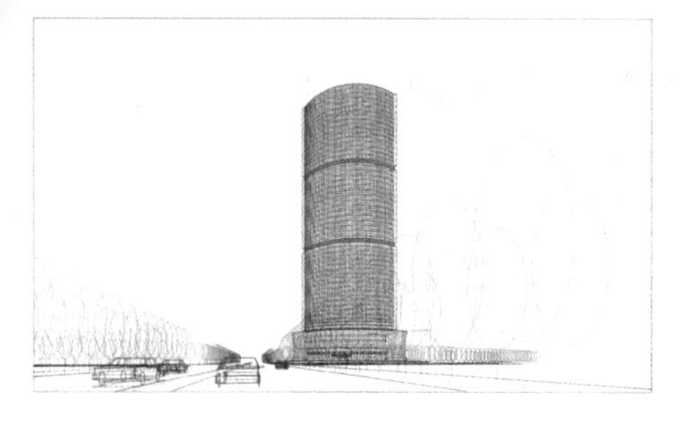
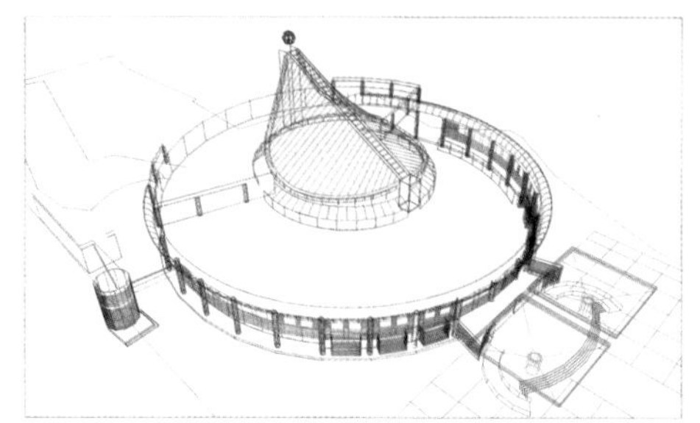

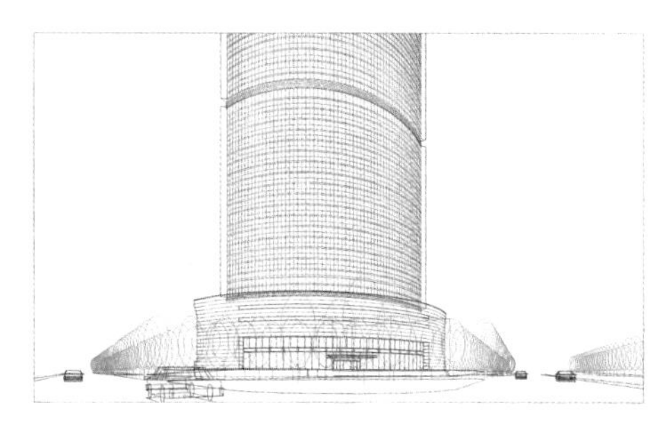
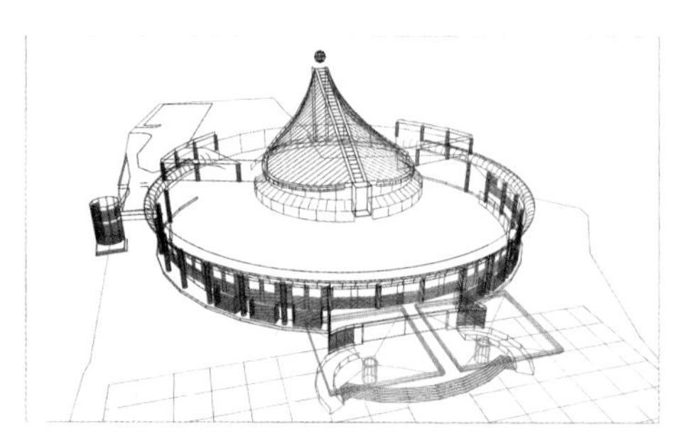
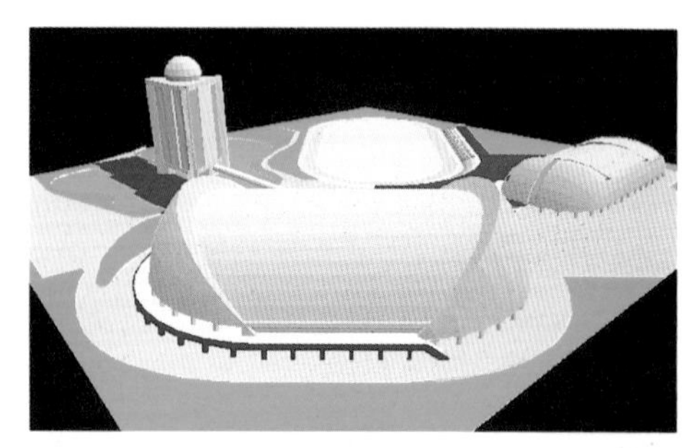
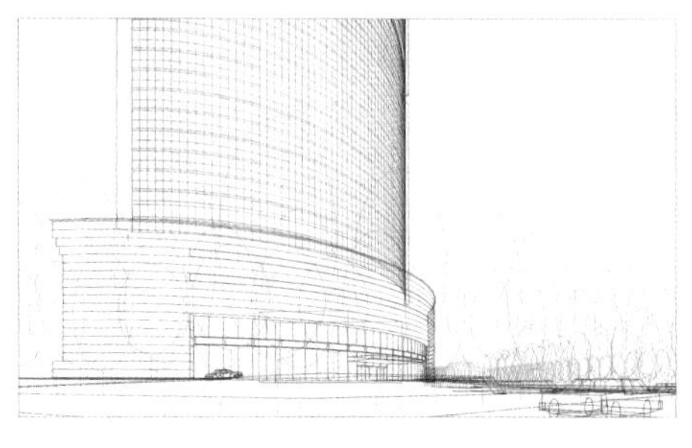
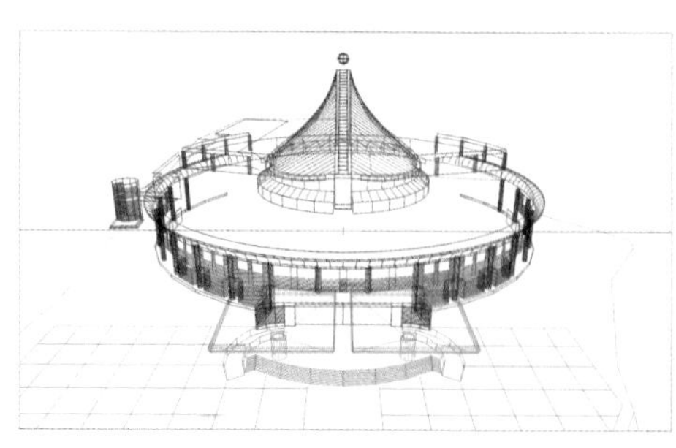
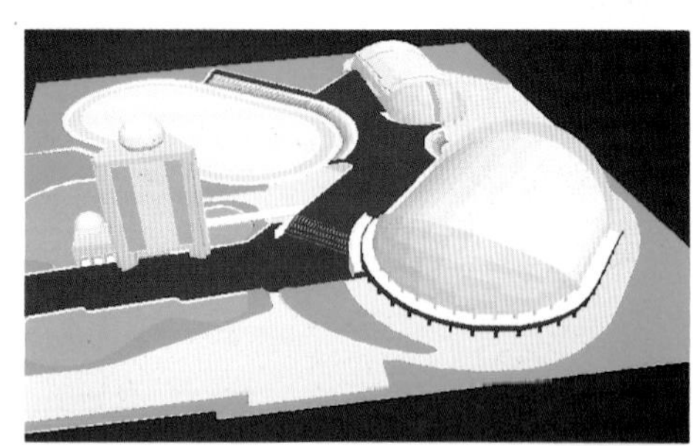
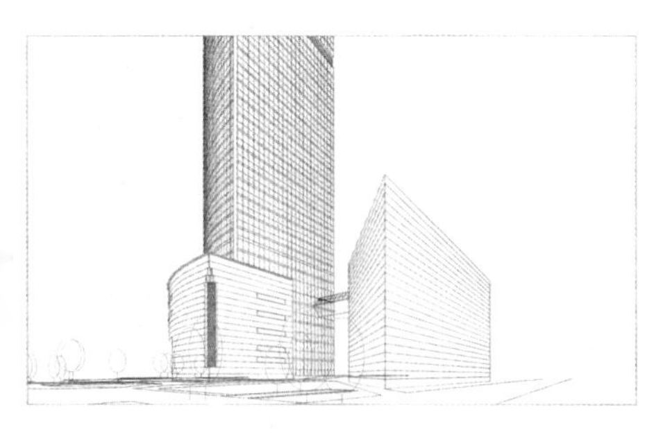
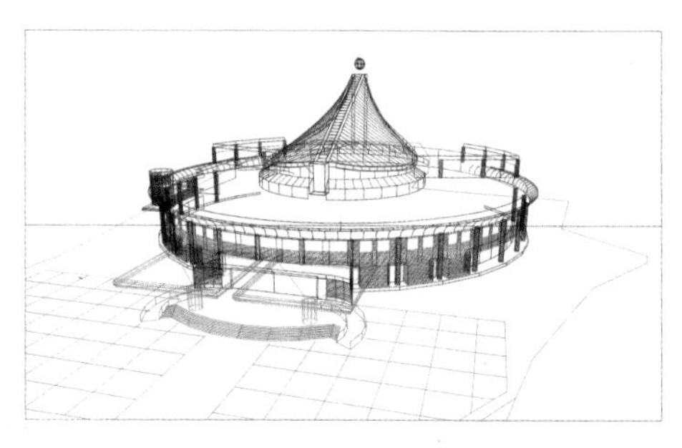

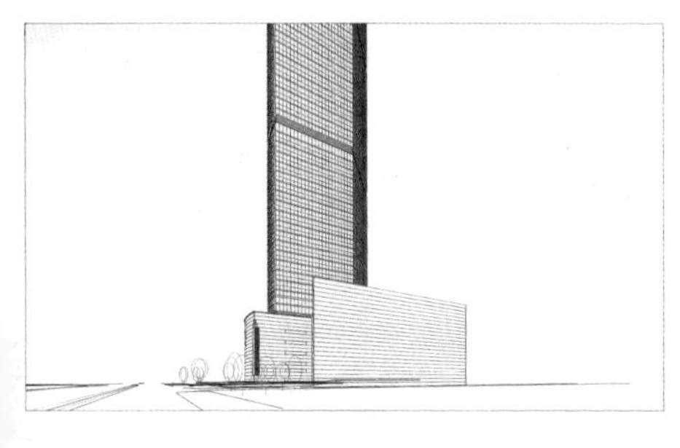
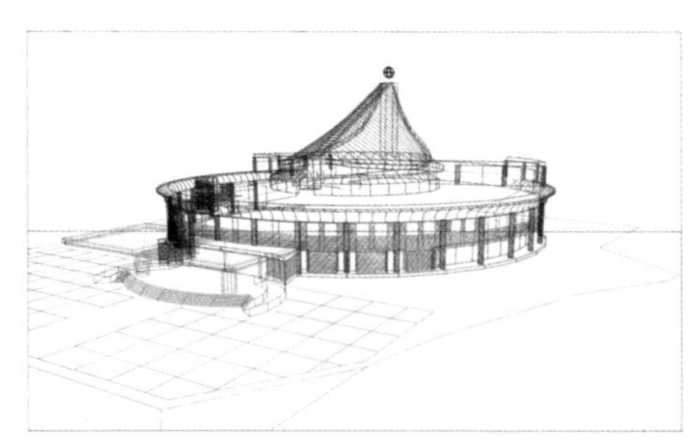

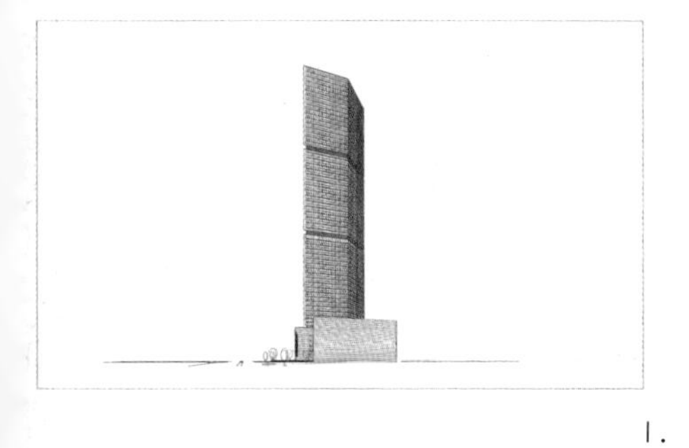
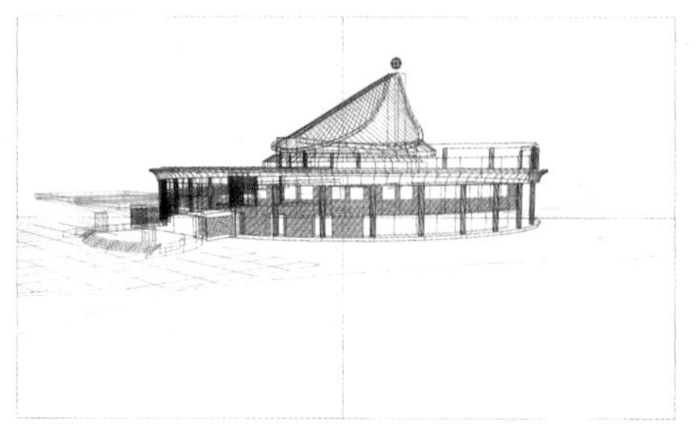

1.

2.

3.

COLOR SIMULATION

4.「某重役室」
5.㈱鴻池組東京本店
'THE BRIDGE FOR CENTURY 21'

4.'A DIRECTOR'S ROOM'
5.KONOIKE CONSTRUCTION CO. LT D. TOKYO BRANCH
'THE BRIDGE FOR CENTURY 21'

4.

5.

COMPUTER PERS.

1.3次元データによるサーフェイスモデル。
2.2Dペイントシステムで背景を描く。
3.背景を合成し建物に描き込みを行なう。
4.全体のイメージを見て前景を描き込む。
5.細部の書き込みを行なって完成。

1.3-D surface model.
2.2-D paint system setting.
3.Composing the background and drawing it in ground the structure.
4.Taking in the entire image, adding foreground.
5.Final detailing; Completed.

1.

2.

3.

4.

5.

CGパース・ギャラリー

大成建設設計本部

コンピュータパースの特徴は、立体データや視点の位置を正確に入力できる事です。従って、指定された位置から計画建物がどの様に見えるか、正確に描く事が出来ます。又、一旦立体データが作成されると、様々なカットが容易に得られます。例えば、高速道路からのシーケンシャルな景観シミュレーションなどが容易に出来ます。

その他に、建物周辺データや、家具の様に、データの再利用が出来る事や、色画像の場合には、色の選択が容易な事、特に基調色を決めると陰色の着色（シェーディング）は自動的に選択される等の便利な機能があります。

一方、樹木や人の様な点景を3次元データとして入力する事はデータ数が多過ぎてうまく扱えません。又、影（シャドー）や、材質感を出す事もまだ難しい様です。

従って、現在の所、コンピュータパースが利用されるのは、手書きで描き難い形や、説明図的な利用が多く、補助的な手段として用いられる事も多く、表現的には未熟な段階と言えるでしょう。しかし、コンピュータの利点を生かした新しい表現手法が生れつつある事も事実です。

CG PERSPECTIVES GALLERY

TAISEI CORPORATION DESIGN DEVISION

One virtue of design perspective rendering by computer is in the accuracy with which dimensions and visual standpoints can be produced with data information. Given any determinate position and the dimensions of the structure, its appearance can be readily depicted. Another advantage is the ease with which dimensional data can be utilized once it has been stored. For instance, a sequential view from an expressway can be easily simulated. Data on building environs and interior furnishings can be utilized in various ways, with alterations of position or changes in color and shading being easily controllable with the automatic computer system.

On the other hand the production of certain three dimensional objects, such as people and trees, still requires too much information to be handled easily with a computer. Likewise light and shadow, and the quality of materials, is difficult to effectively produce.

In other words the computer is presently being employed where hand drawings are difficult and explanations require the production of diagrammatic materials. The role of the computer in perspective rendering is thus in many respects supplementary, and, one might say, still at a developmental stage. And yet these uses of the computer are established, and new capabilities are already becoming a reality.

1

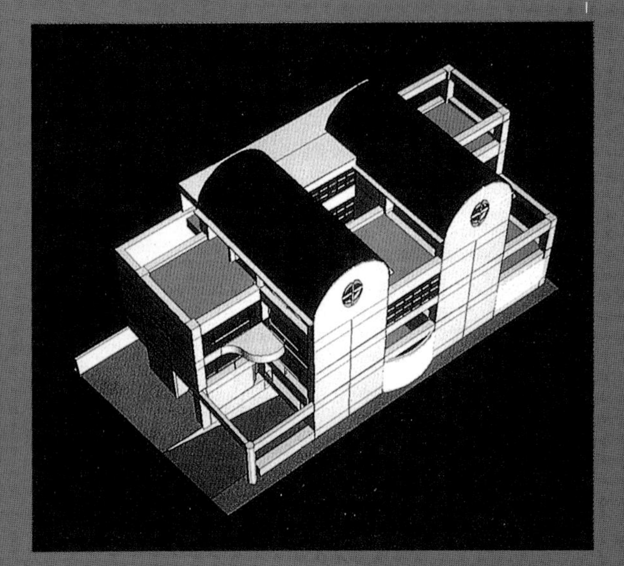

2

3

オフィスビル計画／大成建設
アイ・ポイントを自由に変えて出力している。ファニチャー類はあらかじめデータとしていくつか登録されている。

Office Building Plan/Taisei Corporation
Viewpoint can be altered freely. Furniture of various kinds can be outputted with data entered beforehand.

1. 外観パース
2. アイレベルよりの外観パース
3. アイレベルよりの外観パース

1. Exterior-view Perspective
2. Eye-level view, Exterior Perspective
3. Eye-level view, Exterior Perspective

4

4.内観パース
5.内観パース
6.内観パース
7.内観パースに利用したファニチャー
8.内観パースに利用したファニチャー
9.内観パースに利用したファニチャー

4.Interior-view Perspective
5.Interior-view Perspective
6.Interior-view Perspective
7.Interior Furniture
8.Interior Furniture
9.Interior Furniture

5

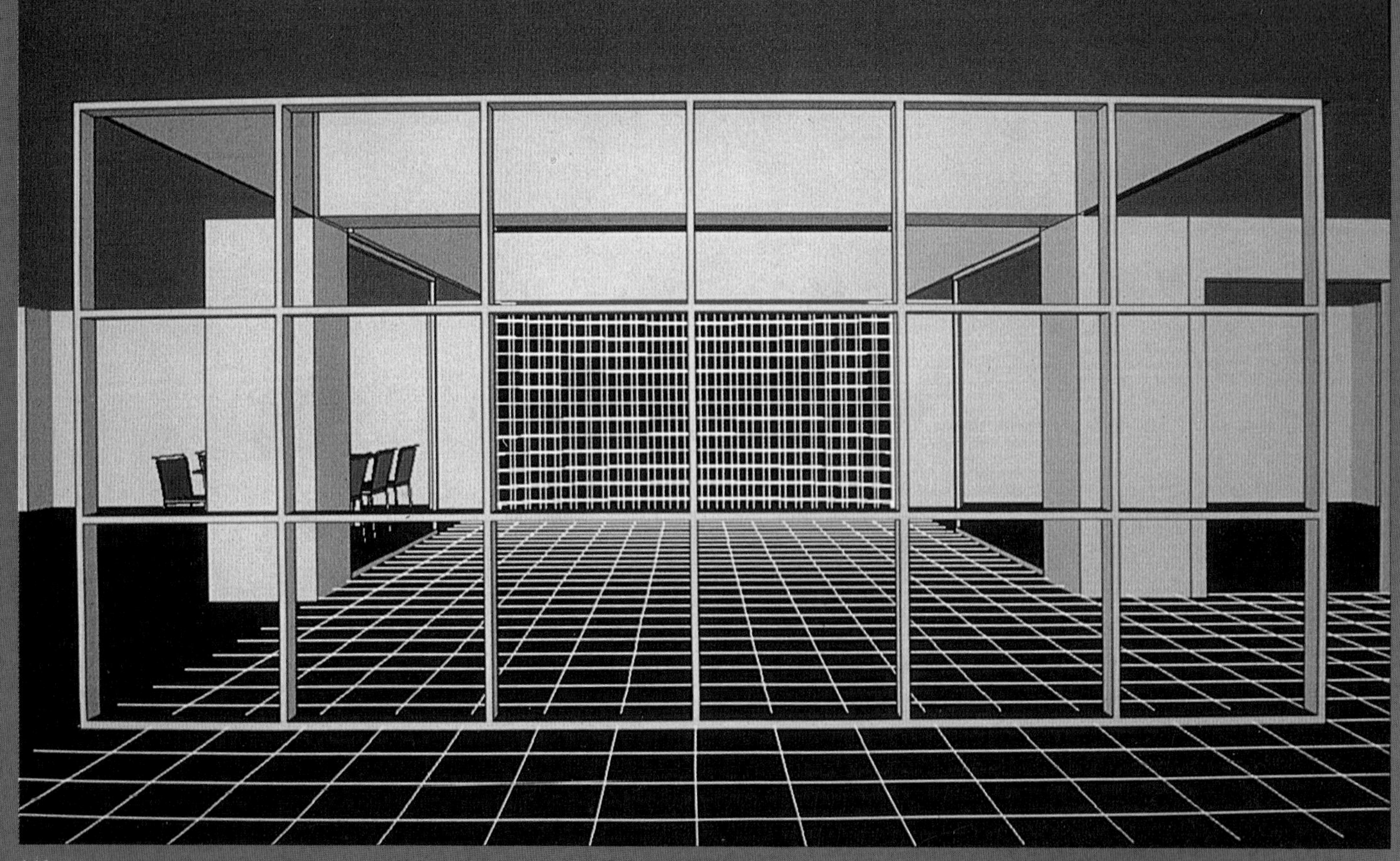

6

7
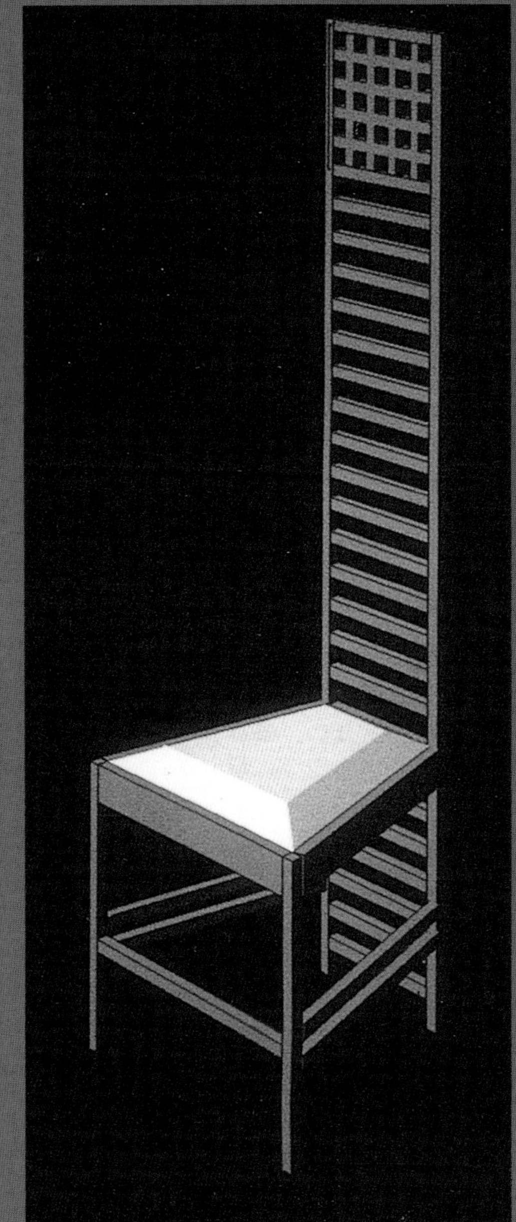

8
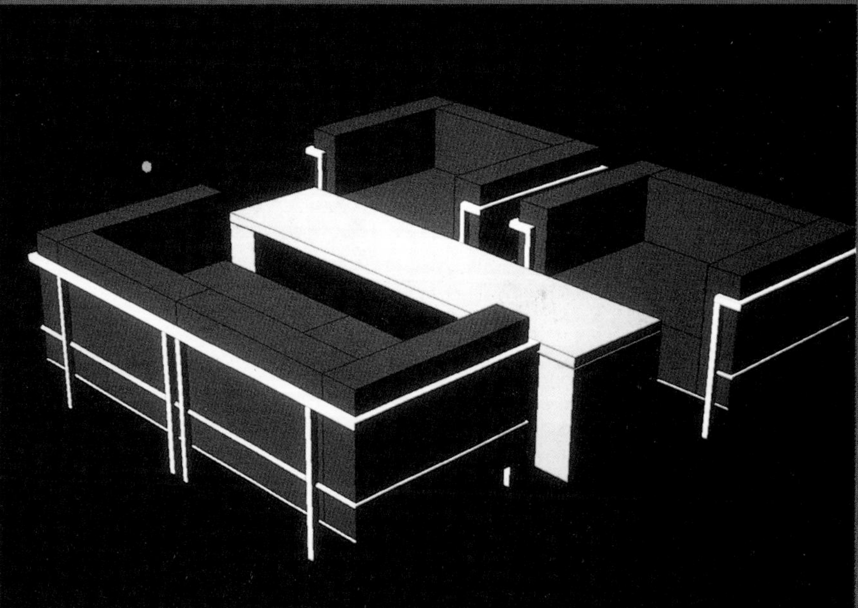

9

エアドーム計画／大成建設

アプローチから外観パースまでは、スライドアニメーション（全70カットより構成）の一部。避難シミュレーションは、全30カットより構成。以上全て同じデータを利用。計算は、大型コンピュータ(IBM 3033）により行っている。

1.アプローチ

1.Approach

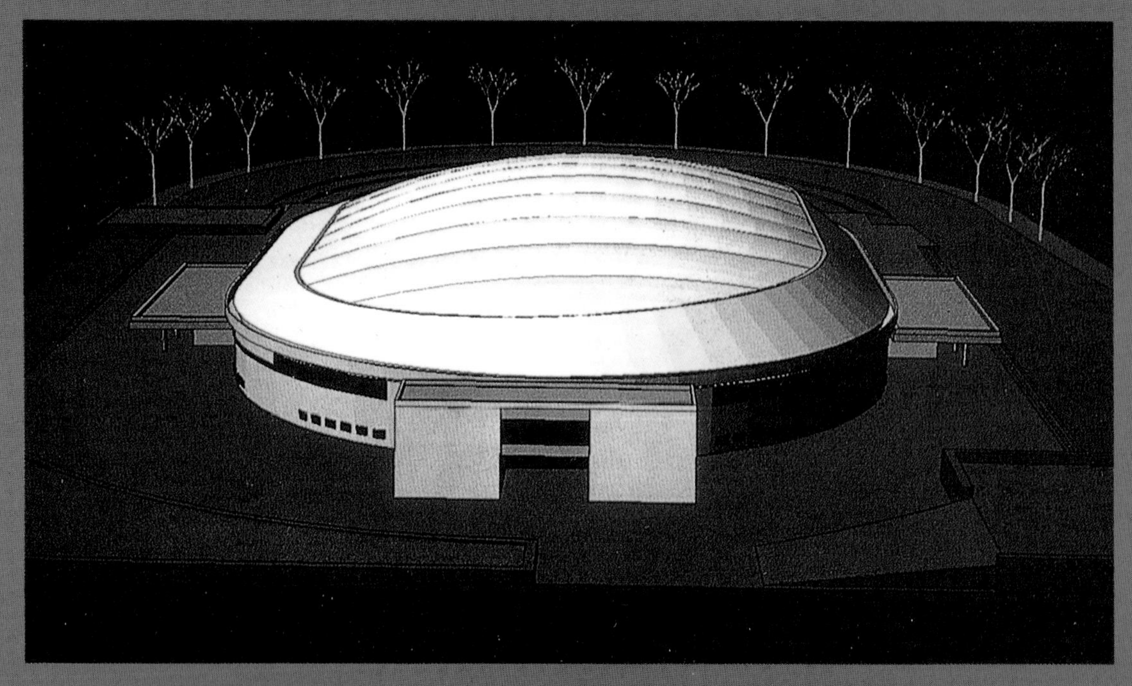

2.外観パース

2.Exterior Perspective

3.外観パース

3.Exterior Perspective

Air Dome Plan
/Taisei Corporation

Sections from slide animation of an approach exterior perspective (from a total of 70 slides). Evacuation simulation made from 30 slides. All of the above was created with the same data, using an IBM 3033 Computer.

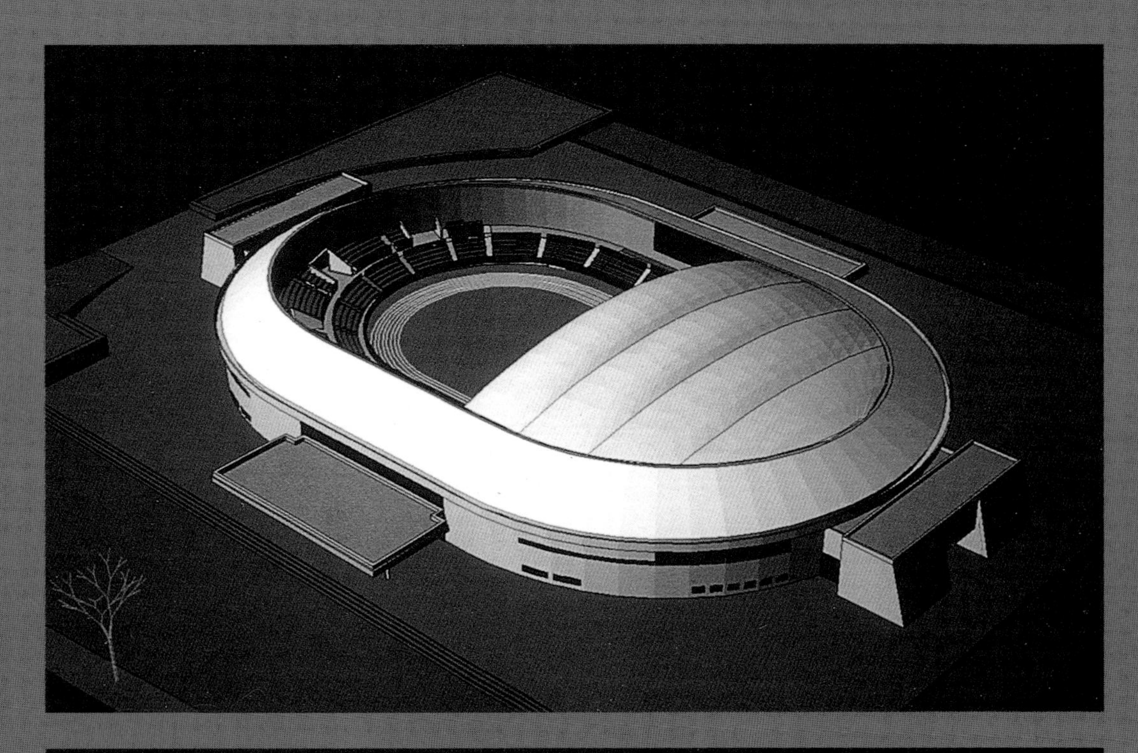

4.膜を取り外した内部説明用パース

4. Perspective, with open ceiling for interior explanatory purposes.

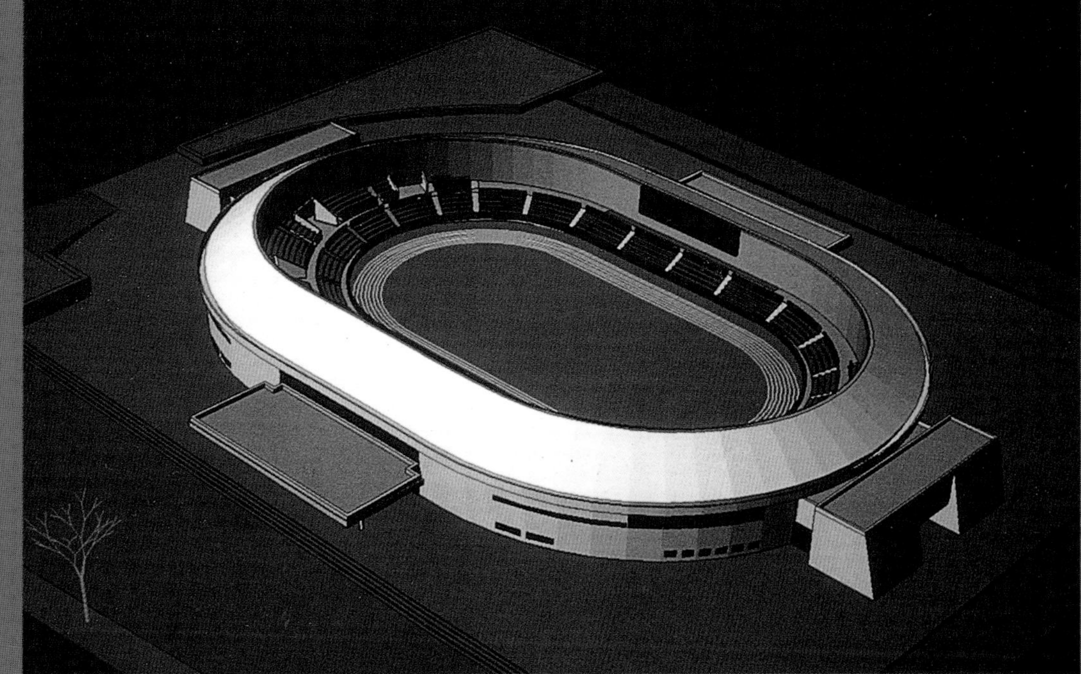

5.膜を取り外した内部説明用パース

5. Perspective, with open ceiling for interior explanatory purposes.

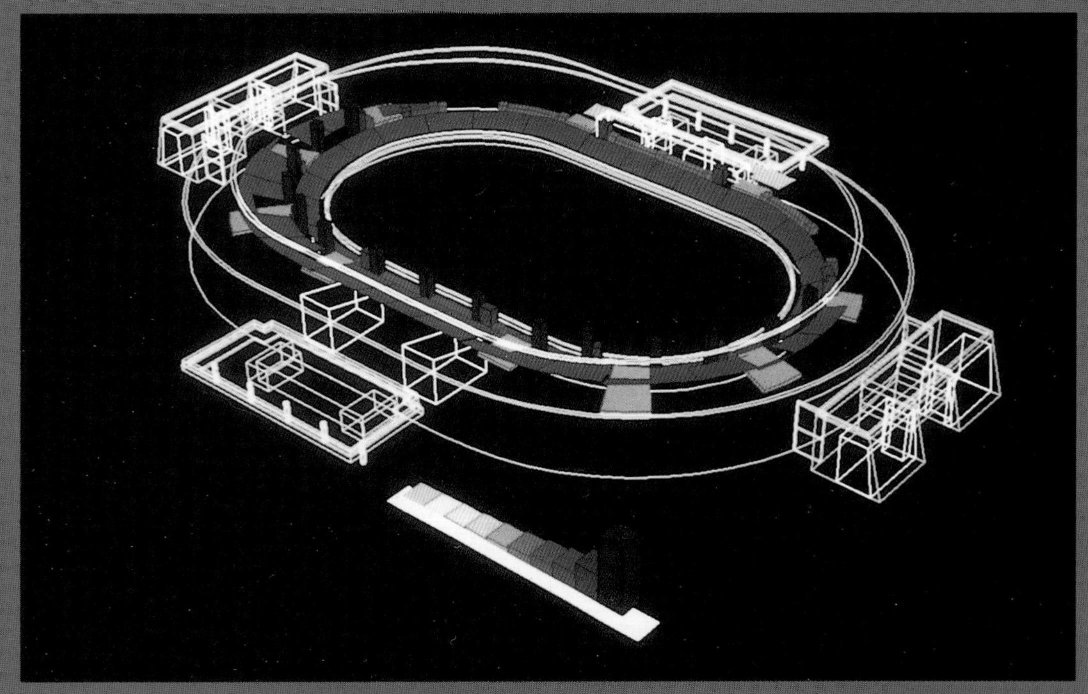

6.避難シミュレーションの一部

6. Partial evacuation simulation.

教育施設計画
外壁の色の検討等に利用。全て同じデータを利用している。

Education Facility Plan
For consideration of outer wall colors, etc.

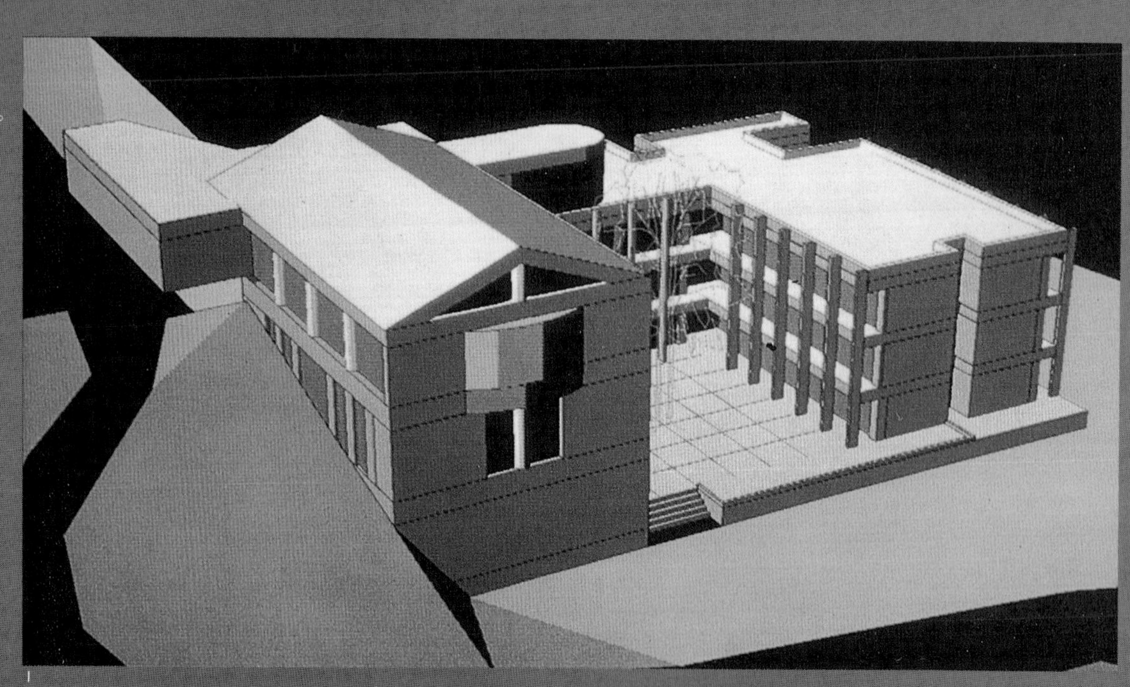

1.外観パース
2.外観パース
3.全体計画

1.Exterior Perspective
2.Exterior Perspective
3.Total Plan

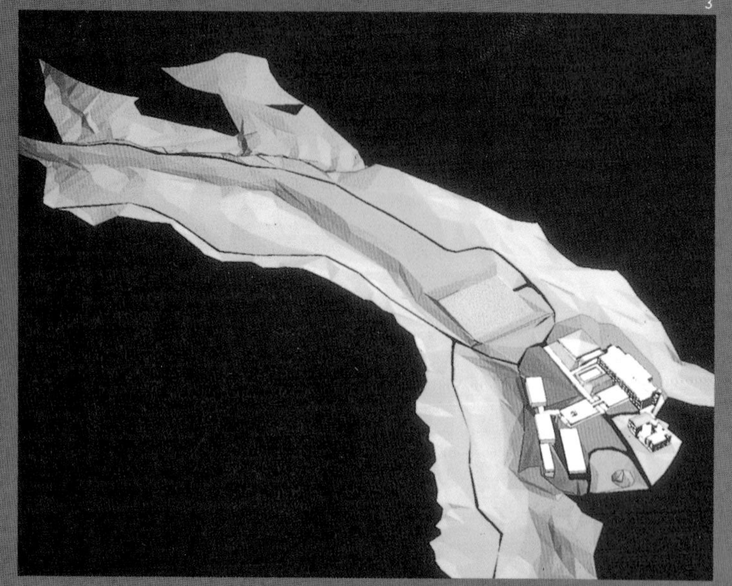

GCAD室の拡張計画時に利用した内観パース。機器のレイアウト等を検討。

GCAD room expansion plan interior perspective. Equipment layout under consideration.

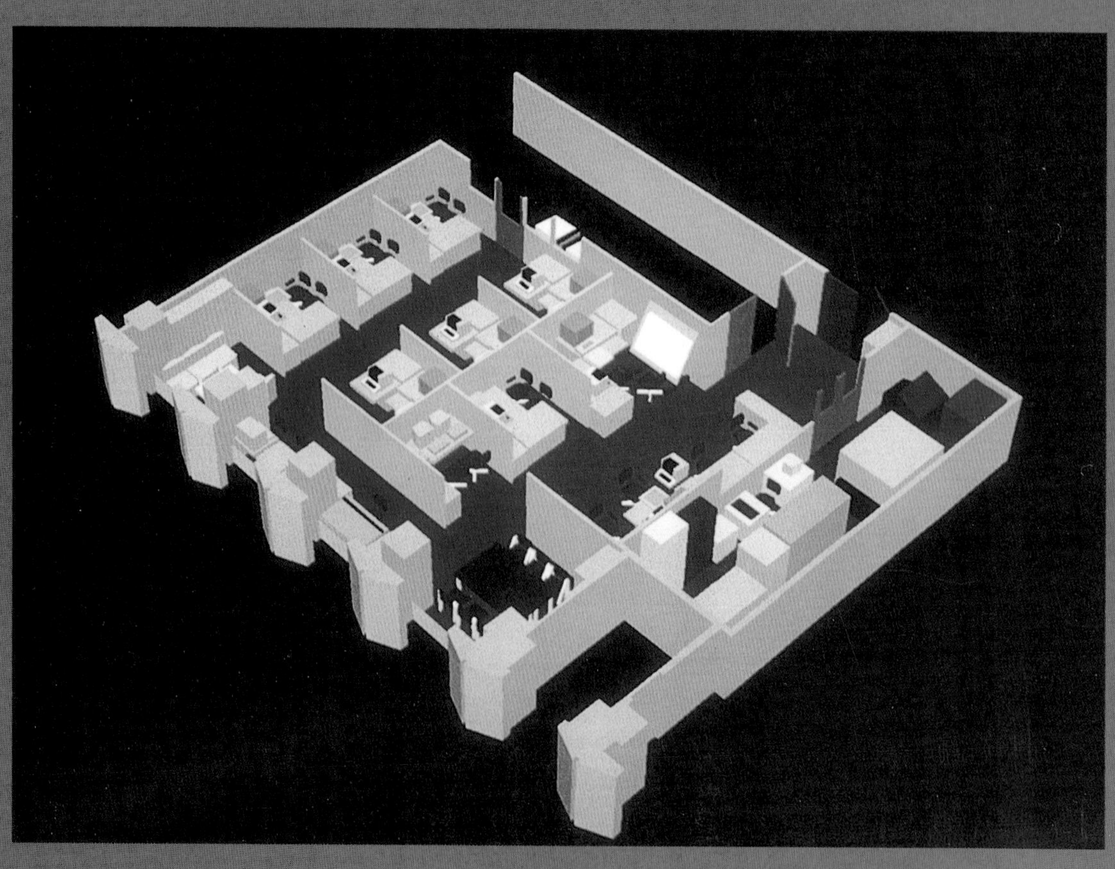

c. 大成建設設計本部
d. 大成建設設計本部 GCAD グループ
e. 大成建設設計本部

c. Taisei Corporation Planning Division
d. Taisei Corporation Planning Division GCAD Group
e. Taisei Corporation Planning Division

索　引

応募者

パース作画者

INDEX

Applicants

Rendering Illustrators

作品応募者一覧

赤坂孝史	〒153	東京都目黒区上目黒1-24-1　玉川ビル301　アカサカレンダリング	☎03-793-1497
浅田能生	〒601	京都府京都市南区上鳥羽塔ノ森東向町84-1	☎075-671-6150
アヅチ・プランニングスタジオ	〒151	東京都渋谷区本町6-2-21　メゾンヒロ201	☎03-378-6126
	〒981-11	宮城県仙台市西中田5-3-14	☎022-241-0877
安土　実	〒151	東京都渋谷区本町6-2-21　メゾンヒロ201　アヅチ・プランニングスタジオ	☎03-378-6126
	〒981-11	宮城県仙台市西中田5-3-14　アヅチ・プランニングスタジオ	☎022-241-0877
(有)アタケ河野陽一建築事務所	〒770	徳島県徳島市安宅町2-5-16	☎0886-53-5272
アトリエTOKI	〒160	東京都新宿区須賀町11　パープルマンション2F	☎03-357-8495
安建社		SEOUL 鍾路区新榮洞240番地　韓國	☎(352)6573
井内一夫	〒662	兵庫県西宮市川添町14-12　(有)スタジオゼロ	☎0798-36-0287
小椋勇記夫	〒150	東京都渋谷区渋谷1-7-5　青山セブンハイツ404　(株)オレンジブック	☎03-407-1250
(株)オズ・アトリエ	〒107	東京都港区南青山2-29-9　南青山リハイム	☎03-408-4766
鹿島建設(株)	〒163	東京都新宿区西新宿2-1-1　新宿三井ビル29F	☎03-344-2111
川嶋俊介	〒791-31	愛媛県伊予郡松前町北黒田520-2 川嶋レンダリングオフィス(有)	☎0899-84-8498
熊谷常男	〒171	東京都豊島区南池袋2-11-1　商栄ビル505　(有)スタジオグリッド	☎03-989-1869
桑野　忠	〒542	大阪府大阪市南区南船場4-13-15　(株)コラムデザインセンター	☎06-245-4631
(有)現代画房	〒890	鹿児島県鹿児島市下伊敷町561-1　米丸ビル105	☎0992-29-1039
小西久雄	〒604	京都府京都市中京区岩上通六角下ル岩上町741番地　リライブ堀川ビル908 エー・アール・ジー・建築画工房	☎075-802-2291
(株)コラムデザインセンター	〒542	大阪府大阪市南区南船場4-13-15　コラムビル	☎06-245-4631
斉藤富子	〒176	東京都練馬区中村南1-30-15　とみあとりえ	☎03-998-7349
坂井田優実	〒451	愛知県名古屋市西区新道1-15-23　ELFA ARCHITECT	☎052-581-0976
酒作和宏	〒150	東京都渋谷区代官山10-1　(有)サン・レンダリング	☎03-464-0391
四海隼一	〒671-12	兵庫県姫路市勝原区山戸22　四海店舗	☎0792-73-6616
清水建設(株)	〒104	東京都中央区京橋2-16-1	☎03-535-4111
殖産住宅相互(株)	〒104	東京都中央区銀座1-9-5	☎03-563-6291
大成建設(株)設計本部	〒163	東京都新宿区西新宿1-25-1　新宿センタービル	☎03-348-1111
(株)竹中工務店	〒541	大阪府大阪市東区本町4-27	☎06-252-1201
(株)丹青社	〒110	東京都台東区上野5-2-2	☎03-836-7221
津田　勉	〒541	大阪府大阪市東区瓦町2-7　フジカワ画廊ビル３Ｆ デザインルーム アップル	☎06-231-7128
津田益司	〒374	群馬県館林市本町1-5-18	

仲田貴代史	〒542	大阪府大阪市南区南船場4-13-15 ㈱コラムデザインセンター	☎06-245-4631
中村直己	〒542	大阪府大阪市南区南船場4-13-15 ㈱コラムデザインセンター	☎06-245-4631
中根典子	〒652	兵庫県神戸市兵庫区石井町3-3-2	☎078-531-3118
西森千代子	〒155	東京都世田谷区代田3-39-7	☎03-413-3243
㈱日建設計	〒541	大阪府大阪市東区高麗橋5-21-1	☎06-203-2361
㈱乃村工藝社 大阪社	〒556	大阪府大阪市浪速区元町1-2-6	☎06-633-3331
㈱乃村工藝社クリエイティブセンター	〒108	東京都港区芝浦4-6-4	☎03-455-1171
橋本デザイン事務所	〒540	大阪府大阪市東区内本町橋詰町36-1 第7松屋ビル 11F	☎06-944-0333
秦 昇八	〒546	大阪府大阪市東住吉区湯里2-19-16 秦スペースデザイン研究所	☎06-702-0389
㈲ヒューマン・ファクター	〒150	東京都渋谷区神宮前2-4-20 外苑アスペイア	☎03-402-2683
片順範		SEOUL 城北区三仙五街364-202 韓國	
㈱フクナガレンダリング	〒102	東京都千代田区飯田橋1-7-10 山京ビル	☎03-263-5445
藤城勝範	〒440	愛知県豊橋市柱八番町68	
古橋孝之	〒430	静岡県浜松市田町224-23 ㈱矢内店舗設計事務所	☎0534-54-8416
堀口憲嗣	〒543	大阪府大阪市天王寺区生玉町11-29-815	☎06-772-5253
松田邦裕	〒542	大阪府大阪市南区南船場4-13-15 ㈱コラムデザインセンター	☎06-245-4631
丸木みる	〒102	東京都千代田区飯田橋1-7-10 山京ビル ㈱フクナガレンダリング	☎03-263-5445
三菱地所㈱	〒100	東京都千代田区丸の内2-4-1	☎03-287-5610
水戸岡鋭治	〒150	東京都渋谷区神南1-13-15 神南ペアシティ301 ドーンデザイン研究所	☎03-463-7029
MODERN 透視図		SEOUL 西大門区北阿峴洞130-1 韓國	
森 聖一	〒560	大阪府豊中市北緑丘3-1-10-202 森聖一デザイン事務所	☎06-854-4392
森山雅彦	〒542	大阪府大阪市南区南船場4-13-15 ㈱コラムデザインセンター	☎06-245-4631
矢内店舗設計事務所	〒430	静岡県浜松市田町224-23	☎0534-54-8416
柳川敏行	〒194	東京都町田市南大谷838-32 柳川デザイン設計事務所	☎0427-28-7766
山城デザインスタジオ	〒150	東京都渋谷区恵比寿西2-3-15 エビスエイトビル	☎03-770-1501
芳野 明	〒532	大阪府大阪市淀川区西中島4-8-20-102 よしのデザイン事務所	☎06-303-5448
吉見由里	〒542	大阪府大阪市南区南船場4-13-15 ㈱コラムデザインセンター	☎06-245-4631
林文隆		台北市麗水街17巷4号5楼 台湾	
K.K.レンダリングRIYA	〒540	大阪府大阪市東区島町2-17 トキワビル	☎06-941-4906
和田宅矛	〒430	静岡県浜松市野口町501 造研	☎0534-63-7637
王 健		台北市忠孝東路四段250号9楼之三 台湾	☎7712633

パース作画者一覧

パース作画者一覧

建築パース・内装
《附：CG パースの実例》

初版第1刷発行　1987年5月25日
第4刷発行　1989年4月15日
第5刷発行　1989年7月25日
第6刷発行　1990年4月25日
第7刷発行　1990年12月25日

編集
グラフィック社編集部

発行者
久世利郎

装幀・レイアウト
(株)田村祐介デザイン事務所

印刷・製本
錦明印刷(株)

写植・版下
三和写真工芸(株)

発行
株式会社 グラフィック社
〒102 東京都千代田区九段北1-9-12
☎03-3263-4318 振替東京3-114345

ISBN4-7661-0424-2 C3052